墨　人　著

本全集保留作者手批手稿

墨人博士作品全集【全60冊】

第四十四冊　第二春

文史哲出版社印行

國家圖書館出版品預行編目資料

墨人博士作品全集 / 墨人著 -- 初版 -- 臺北市:文史哲, 民 100.12
頁： 公分
ISBN 978-957-549-987-7 (全套 60 冊：平裝)

1.現代文學 2. 中國文學 3.別集

848.6 100022602

墨人博士作品全集【全60冊】

第四十四冊 第 二 春

著 者：墨 人
出 版 者：文 史 哲 出 版 社
http://www.lapen.com.tw
登記證字號：行政院新聞局版臺業字五三三七號
發 行 人：彭 正 雄
發 行 所：文 史 哲 出 版 社
印 刷 者：文 史 哲 出 版 社
臺北市羅斯福路一段七十二巷四號
郵政劃撥帳號：一六一八〇一七五
電話886-2-23511028 · 傳真886-2-23965656

【全60冊】定價新臺幣 36,800 元

中華民國一百年（2011）十二月初版

ISBN 978-957-549-987-7 08992

墨人博士著作品全集　總目

一、散文類

二、長篇小說

三、中短篇小說散文合集

四、詩詞及論評

附：外篇

墨人的一部文學千秋史

張萬熙先生，筆名墨人，江西九江人，民國九年生。爲一位享譽國內外名小說家、詩人、學者。歷任軍、公、教職。六十五歲始自從國民大會簡任一級加年功俸的資料組長兼圖書館長公職崗位退休，但已是中國文壇上一位閃亮的巨星。出版有：《全唐詩尋幽探微》、《紅樓夢的寫作技巧》、二百九十多萬字的大長篇小說《紅塵》、《白雪青山》、《春梅小史》；詩集：《哀祖國》；散文集：《小園昨夜又東風》……。民國五十年、五十一年連續以短篇小說，兩次入選維也納納富出版公司出版的《世界最佳小說選集》。七十歲時自東吳大學中文系教席二度退休，仍著述不輟，爲國寶級文學家。墨人博士在臺勤於創作六十多年（在大陸時期已創作十年），並以其精通儒、釋、道之學養，綜理戎機、參贊政務、作育英才，更以其對傳統文學的精湛造詣，與對新文藝的創作，在國際上贏得無數榮譽，如：美國世界大學榮譽文學博士、美國馬奎士國際大學榮譽文學博士、美國艾因斯坦國際學院榮譽人文學博士（包括哲學、文學、藝術、語言四類）、英國劍橋國際傳記中心副總裁（代表亞洲）、英國莎士比亞詩、小說與人文學獎得主，現在出版《全集》中。

壹、家世・堂號

張萬熙先生，江西省德化人（今九江），先祖玉公，明末時以提督將軍身份鎮守雁門關，蒙古騎兵入侵，戰死於東昌，後封爲「河間王」。其子輔公，進士出身，歷任文官。後亦奉召領兵「三定交趾」，因戰功而封爲「定興王」。其子貞公亦有兵權，因受奸人陷害，自蘇州嘉定（即今上海市一區），謫居潯陽（今江西九江）。祖宗牌位對聯爲：嘉定源流遠，潯陽歲月長；右書「清河郡」、左寫「百忍堂」。

貳、來臺灣的過程

民國三十八年，時局甚亂，張萬熙先生攜家帶眷，在兵荒馬亂人心惶惶時，張先生從湖南長沙火車站，先將一千多度的近視眼弱妻，與四個七歲以下子女，從車窗口塞進車廂，自己則擠在廁所內動彈不得，千辛萬苦的從湖南長沙搭火車南下廣州，從廣州登商輪來臺。七月三日抵基隆，由同學顧天一先生，接到臺北縣永和鎮鄉下暫住。

參、在臺灣一甲子奮鬥的過程

一、初到臺灣的生活

家小安頓妥後，張萬熙先生先到臺北萬華，一家新創刊的《經濟快報》擔任主編，但因財務不濟，四個月不到便草草結束。幸而另謀新職，舉家遷往左營擔任海軍總司令辦公室秘書，負責紀錄整理所有軍務會報紀錄。

民國四十六年，張先生自左營來臺北任職國防部史政局編纂《北伐戰史》（歷時五年多浩大工程，編成綠布面精裝本、封面燙金字《北伐戰史》叢書），完成後在「八二三」炮戰前夕又調任國防部總政治部，主管陸、海、空、聯勤文宣業務，四十七歲自軍中正式退役後轉任文官，在臺北市中山堂的國民大會主編研究世界各國憲法政治的十六開大本的《憲政思潮》，作者、譯者都是台灣大學、政治大學的教授、系主任，首開政治學術化先例。

張先生從左營遷到臺北大直海軍眷舍，只是由克難的甘蔗板隔間眷舍改爲磚牆眷舍，大小一般，但邊間有一片不小的空地，子女也大了，不能再擠在一間房屋內，因此，張先生加蓋了三間竹屋安頓他們。但眷舍右上方山上是一大片白色天主教公墓，在心理上有一種「與鬼爲鄰」的感覺。張夫人有一千多度的近視眼，她看不清楚，子女看見嘴裡不講，心裡都不舒服。張先生自軍中假退役後，只拿八成俸。

張先生因爲有稿費、版稅，還有些積蓄，除在左營被姓譚的同學騙走二百銀元外，剩下的積蓄還可以做點別的事。因爲住左營時在銀行裡存了不少舊臺幣，那時左營中學附近的土地只要三塊多錢一坪，張先生可以買一萬多坪。但那時政府的口號是「一年準備，兩年反攻，三年掃蕩，五年成功。」張先生信以爲真，三十歲左右的人還是「少不更事」，平時又忙著上班、寫作，實在不懂政治、經濟大事，以爲政府和「最高領袖」不會騙人，五年以內真的可以回大陸，張先生又有「戰士授田證」。沒想到一改用新臺幣，張先生就損失一半存款，呼天不應。但天理不容，姓譚的同學不但無后，也死了三十多年，更沒沒無聞。張先生作人、看人的準則是：無論幹什麼都是「誠信」第一，因果比法律更公平、更準。欺人不可欺心，否則自食其果。

二、退休後的寫作生活

張先生四十七歲自軍職退休後，轉任台北市中山堂國大會主編十六開大本研究各國憲法政治的《憲政思潮》十八年，時任簡任一級資料組長兼圖書館長。並在東吳大學兼任副教授二十年、香港廣大學院指導教授、講座教授、指導論文寫作、不必上課。六十四歲時即請求自公職提前退休，以業務重要不准，但取得國民大會秘書長（北京朝陽大學法律系畢業）何宜武先生的首肯，六十五歲依法退休。當時國民大會、立法院、監察院簡任一級主管多延至七十歲退休，因所主管業務富有政治性，與單純的行政工作不同，六十五歲時張先生雖達法定退休年齡，還是延長了四個月才正式退休，何秘書長宜武大惑不解地問張先生：「別人請求延長退休而不可得，你爲什麼反而要求退休？」張先生答以「專心寫作」，何秘書長才坦然不疑。退休後日夜寫作，因胸有成竹，很快完成了一百九十多萬字的大長篇小說《紅塵》，在鼎盛時期的《臺灣新生報》連載四年多，開中國新聞史中報紙連載最大長篇小說先河。但報社還不敢出版，經讀者熱烈反映，才出版前三大冊。當年十二月即獲行政院新聞局「著作金鼎獎」與嘉新文化基金會「優良著作獎」，亦無前例。《台灣新生報》又出九十三章至一百二十二章，只好名爲《續集》。墨人在書前題五言律詩一首：

浩劫未埋身，揮淚寫紅塵，非名非利客，孰晉孰秦人？
毀譽何清問？吉凶自有因。天心應可測，憂道不憂貧。

二〇〇四年初，巴黎 youfeng 書局出版豪華典雅的法文本《紅塵》，亦開「五四」以來中文作家大長篇小說進入西方文學世界重鎮先河。時爲巴黎舉辦「中國文化年」期間，兩岸作家多由政府資助出席，張先生未獲任何資助，亦未出席，但法文本《紅塵》卻在會場展出，實爲一大諷刺。張先生一生「只問耕耘，不問收穫」的寫作態度，七十多年來始終如一，不受任何外在因素影響。

肆、特殊事蹟與貢獻

一、《紅塵》出版與中法文學交流

《紅塵》寫作時間跨度長達一世紀，由清朝末年的北京龍氏家族的翰林第開始，寫到八國聯軍、滿清覆亡、民國初建、八年抗日、國共分治下的大陸與臺灣，續談臺灣的建設發展、開放大陸探親等政策。空間廣度更遍及大陸、臺灣、日本、緬甸、印度，是一部中外罕見的當代文學鉅著。墨人五十七歲時應邀出席在西方文藝復興聖地佛羅倫斯所舉辦的首屆國際文藝交流大會，會後環遊地球一周。七十歲時應邀訪問中國大陸四十天，次年即出版《大陸文學之旅》。《紅塵》一書最早於臺灣新生報連載四年多，並由該報連出三版，臺灣新生報易主後，將版權交由昭明出版社出版定本六卷。由於本書以百年來外患內亂的血淚史爲背景，寫出中國人在歷史劇變下所顯露的生命態度、文化認知、人性的進取與沉淪，引起中外許多讀者極大共鳴與回響。

旅法學者王家煜博士是法國研究中國思想的權威，曾參與中國古典文學的法文百科全書翻譯工作，他認爲深入的文化交流仍必須透過文學，而其關鍵就在於翻譯工作。從五四運動以來，中西文化交流一直是西書中譯的單向發展。直到九十年代文建會提出「中書外譯」計畫，臺灣作家才逐漸被介紹到西方，如此文學鉅著的翻譯，算是一個開始。

王家煜在巴黎大學任教中國上古思想史，他指出《紅塵》一書中所引用的詩詞以及蘊含中國思想的博大精深，是翻譯過程中最費工夫的部分。爲此，他遍尋參考資料，並與學者、詩人討論，歷時十年終於完成《紅塵》的翻譯工作，本書得以出版，感到無比的欣慰。他笑著說，這可說是「十年寒窗」。

《紅塵》法文譯本分上下兩大冊，已由法國最重要的中法文書局「友豐書店」出版。友豐負責人潘立輝謙沖寡言，三十年多來，因對中法文化交流有重大貢獻而獲得法國授予文化「騎士勳章」的榮譽。他於五年前開始成立出版部，成爲歐洲一家以出版中國圖書法文譯著爲主業的華人出版社。

潘立輝表示，王家煜先生的法文譯筆典雅、優美而流暢，使他收到「紅塵」譯稿時，愛得不忍釋手，他以一星期的時間一口氣看完，經常讀到凌晨四點。他表示出版此書不惜成本，不太可能賺錢，卻感到十分驕傲，因爲本書能讓不懂中文的旅法華人子弟，更瞭解自己文化根源的可貴之處，同時，本書的寫作技巧必對法國文壇有極大影響。

二、不擅作生意

張先生在六十五歲退休之前，完全是公餘寫作，在軍人、公務員生活中，張先生遭遇的挫折不少。軍職方面，張先生只升到中校就不做了，因爲過去稱張先生爲前輩、老長官的人都成爲張先生的上司，張先生怎麼能做？因爲張先生的現職是軍聞社資料室主任（他在南京時即任國防部新創立的「軍事新聞總社」實際編輯主任，因言守元先生是軍校六期老大哥，未學新聞，不在編輯之列）。但張先生以不求官，只求假退役，不擋人官路，這才退了下來。那時養來亨雞風氣盛行，在南京軍聞總社任外勤記者的姚秉凡先生頭腦靈活，他即時養來亨雞，張先生也「東施效顰」，結果將過去稿費積蓄全都賠光。

三、家庭生活與運動養生

張先生大兒子考取中國廣播公司編譯，結婚生子，廿七年後才退休，長孫修明取得美國南加州大學電機碩士學位，之後即在美國任電機工程師。五個子女均各婚嫁，小兒子選良以獎學金取得美國華盛頓大學化學工程博士，媳蔡傳惠為伊利諾理工學院材料科學碩士，兩孫亦已大學畢業就業，落地生根。

張先生兩老活到九十一、九十二歲還能照顧自己。（近年以一印尼女「外勞」代做家事）張先生一伏案寫作四、五小時都不休息，與臺大外文系畢業的長子選翰兩人都信佛，六十五歲退休後即吃全素。低血壓十多年來都在五十五至五十九之間，高血壓則在一百一十左右，走路「行如風」，年輕人很多都跟不上張先生，比起初來臺灣時毫不遜色，這和張先生運動有關。因為張先生住大直後山海軍眷舍八年，眷舍右上方有一大片白色天主教公墓，諸事不順，公家宿舍小，又當西曬，張先生靠稿費維持七口之家和五個子女的教育費。三伏天右手墊墳著毛巾，背後電扇長吹，三年下來，得了風濕病，手都舉不起來，花了不少錢都未治好。後來章斗航教授告訴張先生，圓山飯店前五百完人塚廣場上，有一位山西省主席閻錫山的保鑣王延年先生在教太極拳，勸張先生天一亮就趕到那裡學拳，一定可以治好。張先生一向從善如流，第二天清早就向王延年先生報名請教，王先生有教無類，收張先生這個年已四十的學生，王先生先不教拳，只教基本軟身功攀腿，卻受益非淺。

四、耿直的公務員性格

張先生任職時向來是「不在其位，不謀其政」。後來升簡任一級組長，有一位「地下律師」的專員，平時鑽研六法全書，混吃混喝，與西門町混混都有來往，他的前任爲大畫家齊白石女婿，平日公私不分，是非不明，借錢不還，沒有口德，人緣太差，又常約那位「地下律師」專員到家中打牌。那專員平日不簽到，甚至將簽到簿撕毀他都不哼一聲，因爲爲他多報年齡，屆齡退休時想更改年齡，但是得罪人太多，金錢方面更不清楚，所以不准再改年齡，組長由張先生繼任。

張先生第一次主持組務會報時，那位地下律師就在會報中攻擊圖書科長，張先生立即申斥，並宣佈記過。簽報上去處長都不敢得罪那地下律師，又說這是小事，想馬虎過去，張先生以秘書處名譽紀律爲重，非記過不可，讓他去法院告張先生好了。何宜武祕書長是學法的，他看了張先生簽呈同意記過，那位地下律師「專員」不但不敢告，只暗中找一位不明事理的國大「代表」來找張先生的麻煩。因事先有人告訴他，張先生完全不理那位代表，他站在張先生辦公室門口不敢進來，幾分鐘後悄然而退。人不怕鬼，鬼就怕人。諺云：「一正壓三邪」，這是經驗之談。直到張先生退休，那位專員都不敢惹事生非，西門町流氓也沒有找張先生的麻煩，當年的代表十之八九已上「西天」，張先生活到九十二歲還走路「行如風」，一坐到書桌，能連續寫作四、五小時而不倦，不然張先生怎麼能在兩岸出版約三千萬字的作品？

（原載新文豐《紮根台灣六十年》，墨人民國一百年十一月十三日校正）

墨人博士作品全集

文學是千秋慧業
秦皇漢武今何在
李白杜甫仍風流

全集共分四大類
一散文類 六小說類
三文學理論類
四新詩古典詩詞類

我出生於一個「萬般皆下品，惟有讀書高」的傳統文化家庭，且深受佛家思想影響，因祖母信佛，兩個姑母先後出家，大姑母是帶著賠嫁的錢購買依山傍水風景很好，上名山廬山的必經之地的「天后宮」出家的，小姑母的廟則在鬧中取靜的市區。我是父母求神拜佛後出生的男子，並寄名佛下，乳名聖保，上有二姊下有一妹都夭折了，在那個重男輕女的時代！我自然水漲船高了。我記得四、五歲時一位面目清秀，三十來歲文質彬彬的李瞎子替我算命，母親問李瞎子，我的命根穩不穩？能不能養大成人？李瞎子說我十歲行運，幼年難免多病，可以養大成人，但是會遠走高飛。母親聽了憂喜交集，在那個時代不但妻以夫貴。也以子貴，有兒子在身邊就多了一層保障。母親的心理壓力很大，李瞎子的「遠走高飛」那句話可不是一句好話。

到現在八十多年了，我還記得十分清楚。母親暗自憂心。何況科舉已經廢了，不必「進京趕考」，更不會「當兵吃糧」，安安穩穩作個太平紳士或是教書先生不是很好嗎？我們張家又是大族，人多勢眾，不會受人欺侮，何況二伯父的話比法律更有權威，人人敬仰，去外地「打流」又有什麼好處？因此我剛滿六歲就正式拜孔夫子入學啓蒙，從《三字經》、《百家姓》、《千字文》、《千家詩》、《論語》、《大學》、《中庸》……《孟子》、《詩經》、《左傳》讀完了都要整本背，在十幾位學生中，也只有我一人能背，我背書如唱歌，窗外還有人偷聽，他們實在缺少娛樂。除了我父親下雨天會吹吹笛子、簫，消遣之外，沒有別的娛樂，我自幼歡喜絲竹之音，但是很少聽到。讀書的人也只有我們三房、二房兩兄弟，二伯父在城裡當紳士，偶爾下鄉排難解紛，他是一族之長，更受人尊敬，因為他大公無私，又有一百八十公分左右的身高，眉眼自有威嚴，能言善道，他的話比法律更有效力，加之民性純樸，真是「夜不閉戶，道不失遺」。只有「夏都」廬山才有這麼好的治安。我十二歲前就讀完了四書、詩經、左傳、千家詩。我最喜歡的是《千家詩》和《詩經》。

關關雎鳩，在河之洲，
窈窕淑女，君子好逑。

我覺得這種詩和講話差不多，可是更有韻味。我就喜歡這個調調。《千家詩》我也喜歡，我背得更熟。開頭那首七言絕句詩就很好懂：

雲淡風清近午天，傍花隨柳過前川。
時人不識余心樂，將謂偷閒學少年。

老師不會作詩，也不講解，只教學生背，我覺得這種詩和講話差不多，但是更有韻味。我也了解大意，我以讀書爲樂，不以爲苦。這時老師方教我四聲平仄，他所知也止於此。

我也喜歡《詩經》，這是中國最古老的詩歌文學，是集中國北方詩歌的大成。可惜三千多首被孔子刪得只剩三百首。孔子的目的是：「詩三百，一言以蔽之，曰思無邪。」孔老夫子將《詩經》當作教條。詩是人的思想情感的自然流露，是最可以表現人性的。先民質樸，孔子既然知道「食色性也」，對先民的集體創作的詩歌就不必要求太嚴，以免喪失許多文學遺產和地域特性。楚辭和詩經不同，就是地域特性和風俗民情的不同。文學藝術不是求其同，而是求其異。這樣才會多彩多姿。文學不應成爲政治工具，但可以移風易俗，亦可淨化人心。我十二歲以前所受的基礎教育，獲益良多，但也出現了一大危機，沒有老師能再教下玄。幸而有一位年近二十歲的姓王的學生在廬山一未立案的國學院求學，他問我想不想去？我自然想去，但廬山夏涼，冬天太冷，父親知道我的心意，並不反對，他對新式的人手是刀尺的教育沒有興趣，我便在飄雪的寒冬同姓王的爬上廬山，我生在平原，這是第一次爬上高山。

在廬山我有幸遇到一位湖南岳陽籍的閣毅字任之的好老師，他只有三十二歲，飽讀詩書，與民國初期的江西大詩人散原老人唱和，他的王字也寫的好。有一天他要六七十位年齡大小不一的學生各寫一首絕句給他看，我寫了一首五絕交上去，廬山松樹不少，我生在平原是看不到松樹的，我是即景生情，信手寫來，想不到閣老師特別將我從大教室調到他的書房去，在他右邊靠牆壁另加一桌一椅，教我讀書寫字，並且將我的名字「熹」改爲「熙」，視我如子。原來是他很欣賞我那首五絕中的「疏松月影亂」這一句。我只有十二歲，不懂人情世故，也不了解他的深意。時任漢口市長張群的侄子張繼文還小我一歲，卻是個天不怕、地不怕的小太保，江西省主席熊式輝的兩個小舅子大我幾歲，閣老師的侄子卻高齡二十八歲。學歷也很懸殊，有上過大學的、高中的，多是對國學有興趣，支持學校的袞袞諸公也都是有心人士，新式學校教育日漸西化，國粹將難傳承，所以創辦了這樣一個尙未立案的國學院，也未大張旗鼓正式掛牌招生，但聞風而至的要人子弟不少，校方也本著「有教無類」的原則施教，閣老師也是義務施教，他與隱居廬山的要人嚴立三先生也有交往。（抗日戰爭一開始嚴立三即出山任湖北省主席，諸閣老師任省政府秘書，此是後話。）同學中權貴子弟亦多，我雖不是當代權貴子弟，但九江先組玉公以提督將軍身分抵抗蒙古騎兵入侵雁門關戰死東昌(雁門關內北京以西縣名，一九九〇年我應邀訪問大陸四十天時去過。)而封河間王；其子輔公。以進士身分出仕，後亦應昭領兵三定交趾而封定興王；其子貞公亦有兵權，因受政客讒害而自嘉定謫居潯陽。大詩人白居易亦曾謫爲江州司馬，我另一筆名即用江州司馬。我是黃帝第五子揮的後裔，他因善造弓箭而賜姓張。遠祖張良是推薦韓信爲劉邦擊敗楚霸王項羽的漢初三傑之首。他有知人之明，深知劉邦可以共患難，不能共安樂，所以悄然引退，作逍遙遊，不像韓信爲劉邦拼命打天下，立下汗馬功勞，雖封三齊王卻死於未央宮呂后之手。這就是不知進退的後果。我很敬佩張良這位遠祖，抗日戰爭初期（一九三八）我爲不作「亡國奴」，即輾轉赴臨時首都武昌以優異成績考取軍校，一位落榜的姓熊的同學帶我們過江去漢口。中共未公開招生的「抗日大學」（當時國共合作抗日，中共在漢口以「抗大」名義吸收人才。）辦事處參觀，接待我們的是一位讀完大學二年級才貌雙全，口才奇佳的女生獨對我說負責保送我免試進「抗大」一期，因未提其他同學，我不去。一年後我又在軍校提前一個月畢業，因我又考取陪都重慶中央政府培養高級軍政幹部的中央訓練團，而特設的新聞「新聞研究班」第一期，與我同期的有爲新詩奉獻心力的覃子豪兄（可惜五十二歲早逝）和中央社東京分社主任兼國際記者協會主席的李嘉兄。他在我訪問東京時曾與我合影留念，並親贈我精裝《日本專欄》三本。他七十歲時過世，這兩張照片我都編入「全集」一百九十多萬字的空前大長篇小說（紅塵）照片類中。而今在台同學只有兩位了。

民國二十八年（一九三九）九月我以軍官、記者雙重身分，奉派到第三戰區最前線的第三十二集團軍上官雲相總部所在地，唐宋八大家之一，又是大政治家王安石，尊稱王荊公的家鄉臨川，（屬撫州市）作軍事記者，時年十九歲，因第一篇戰地特寫《臨川新貌》經第三戰區長官都主辦的行銷甚廣的《前線日報》發表，隨即由淪陷區上海市美國人經營的《大美晚報》轉載，而轉爲文學創作，因我已意識到新聞性的作品易成「明日黃花」，文學創作則可大可久，我爲了寫大長篇《紅塵》、六十四歲時就請求提前退休，學法出身的秘書長何宜武先生大惑不解，他對我說：

「別人想幹你這個工作我都不給他，你爲什麼要退？」我幹了十幾年他只知道我是個奉公守法的張萬熙，不知道我是「作家」墨人，有一次國立師範大學校長劉真先生告訴他張萬熙就是墨人，劉校長看了我在當時的「中國時報」發表的幾篇有關中國文化的理論文章，他希望我繼續寫，劉校長真是有心人。沒想到他在何宜武秘書長面前過獎，使我不能提前退休，要我幹到六十五歲多四個月才退了下來。現在事隔二十多年我才提這件事。鼎盛時期的（台灣新生報）連載四年多的拙作《紅塵》出版前三冊時就同時獲得新聞局著作金鼎獎和嘉新文化基金會「優良著作獎」，劉真校長也是嘉新文化基金會的評審委員之一，他一定也是投贊成票的。「世有伯樂而後有千里馬」。我九十二歲了，現在經濟雖不景氣，但我還是重讀重校了拙作「全集」我一向只問耕耘，不問收穫，我歷任軍、公、教三種性質不同的職務，經過重重考核關卡，寫作七十三年，經過編者的考核更多，我自己從來不辦出版社。我重視分工合作。我頭腦清醒，是非分明，歷史人物中我更敬佩遠祖張良，不是劉邦。張良的進退自如我更歎服。在政治角力場中要保持頭腦清醒，人性尊嚴並非易事。我們張姓歷代名人甚多，我對遠祖張良的進退自如尤爲歎服，因此我將民國四十年在台灣出生的幼子依譜序取名選良。他早年留美取得化學工程博士學位，雖有獎學金，但生活仍然艱苦，美國地方大，出入非有汽車不可，這就不是獎學金所能應付的，我不能不額外支持，他取得化學工程博士學位與取得材料科學碩士學位的媳婦蔡傳惠雙雙回台北探親，且各有所成，幼子曾研究生產了飛機太空船用的抗高溫的纖維，媳婦則是一家公司的經理，下屬多是白人，兩孫亦各有專長，在台北出生的長孫是美國南加州大學的電機碩士，在經濟不景氣中亦獲任工程師，我不要第三代走這條文學小徑，是現實客觀環境的教訓，我何必讓第三代跟我一樣忍受生活的煎熬，這會使有文學良心的人精神崩潰的。我因經常運動，又吃全素二十多年，九十二歲還能連寫四、五小時而不倦。我寫作了七十多年，也苦中有樂，但心臟強，又無高血壓，一是得天獨厚，二是生活自我節制，我到現在血壓還是60－110之間，沒有變動，寫作也少戴老花眼鏡，走路仍然「行如風」，十分輕快，我在國民大會主編《憲政思潮》十八年，看到不少在大陸選出來的老代表，走路兩腳在地上蹉跎，這就來日不多了。個人的健康與否看他走路就可以判斷，作家寫作如在八十歲以後還不戴老花眼鏡，沒有高血壓，長命百歲絕無問題。如再能看輕名利，不在意得失，自然是仙翁了。健康長壽對任何人都很重要，對詩人作家更重要。

一九九〇年我七十歲應邀訪問大陸四十天作「文學之旅」時，首站北京，我先看望已九十高齡的老前輩散文作家，大家閨秀型的風範，平易近人，不慍不火的冰心，她也「勞改」過，但仍心平氣和。本來我也想看看老舍，但老舍已投湖而死，他的公子舒乙是中國現代文學館的副館長，他也出面接待我，還送了我一本他編寫的《老舍之死》，隨後又出席了北京詩人作家與我的座談會，參加七十賤辰的慶生宴，彈指之間卻已二十多年了。我訪問大陸四十天，次年即由台北「文史哲出版社」出版照片文字俱備的四二五頁的《大陸文學之旅》。不虛此行。大陸文友看了這本書的無不驚異，他們想不到我七十一高齡還有這樣的快筆，而又公正詳實。他們不知我行前的準備工作花了多少時間，也不知道我一開筆就很快。

我拜會的第二位是跌斷了右臂的詩人艾青，他住協和醫院，我們一見如故，他是浙江金華人，卻體格高大，性情直爽如燕趙之士，完全不像南方金華人。我們一見面他就緊握著我的手不放，侃侃而談，我不知道他編《詩刊》時選過我的新詩。在此之前我交往過的詩人作家不少，沒有像他如此豪放真誠，我告別時他突然放聲大哭，陪我去看他的北京新華社社長族侄張選國先生，陪我四十天作《大陸文學之旅》的廣州電視台深圳站站長高麗華女士，文字攝影記者譚海屏先生等多人，不但我為艾青感傷，陪同我去看艾青的人也心有戚戚焉，所幸他去世後安葬在八寶山中共要人公墓，他是大陸唯一的詩人作家有此殊榮。台灣單身詩人同上校軍文黃仲琮先生，死後屍臭才有人知道，他小我二歲，如我不生前買好八坪墓地，連子女也只好將我兩老草草火化，這是與我共患難一生的老伴死也不甘心的，抗日戰爭時她父親就是我單獨送上江西南城北門外義山土葬的。這是中國人「入土為安」的共識。也許有讀者會問這和文學創作有什麼關係？但文學創作不是單純的文字工作，而是作者整個文化觀、文學觀，人生觀的具體表現，不可分離。詩人作家不能「瞎子摸象」，還要有「舉一反三」的能力。我做人很低調。寫作也不唱高調，但也會作不平之鳴、仗義直言。我不鄉愿，我重視一步一個腳印，「打高空」可以譁眾邀寵於一時，但「旁觀者清」，讀者中藏龍臥虎，那些不輕易表態的多是高人。高人一旦直言不隱，會使洋洋自得者現出原形。作品一旦公諸於世，一切後果都要由作者自己負責，這也是天經地義的事。

我寫作七十多年無功無祿，我因熬夜寫作頭暈住馬偕醫院一個星期也沒有人知道，更不像大陸的當代作家、詩人是有給制，有同教授的待遇，而稿費、版稅都歸作者所有。依據民國九十八年一月十日「中國時報」A十四版「二〇〇八年中國作家富豪榜單」二十五名收入人民幣的數字統計，第一高的郭敬明一年是一千三百萬人民幣，第二名鄭淵潔是一千一百萬人民幣，第三名楊紅櫻是九百八十萬人民幣。最少的第二十五名的李西閩也有一百萬人民幣，以人民幣與台幣最近的匯率近一比四・五而言，現在大陸作家一年的收入就如此之多，是我一九九〇年應邀訪問大陸四十天作文學之旅時所未想像到的，而現在的台灣作家與我年紀相近的二十年前即已停筆，原因之一是發表出版兩難，二是年齡太大了。民國九十八年（二〇〇九）以前就有張漱菡（本名欣禾）、尹雪曼、劉枋、王書川、艾雯、嚴友梅六位去世，嚴友梅還小我四、五歲，小我兩歲的小說家楊念慈則行動不便，鬍鬚相當長，可以賣老了。我托天佑，又自我節制，二十多年來吃全素，又未停止運動，也未停筆，最近在台北榮民總醫院驗血檢查，健康正常。我也有我的養生之道，每天吃枸杞子明目，吃南瓜子抑制攝護腺肥大，多走路、少坐車，伏案寫作四、五小時而不疲倦，此非一日之功。

民國九十八（二〇〇九）己丑，是我來台六十周年，這六十年來只搬過兩次家，第一次從左營搬到台北大直海軍眷舍，在那一大片天主教白色公墓之下，我原先不重視風水，也無錢自購住宅，想不到鄰居的子女有得神經病的，有在金門車禍死亡的，大人有坐牢的，有槍斃的，也有得神經病的，我退役養雞也賠光了過去稿費的積蓄，讀台大外文系的大兒子也生病，我則諸事不順，直到搬到大屯山下坐北朝南的兩層樓的獨門獨院自宅後，自然諸事順遂，我退休後更能安心寫作，遠離台北市區，真是「市遠無兼味，地僻客來稀。」同里鄰的多是市井小民，但治安很好，誰也不知道我是爬格子的，連警察先生也不光顧舍下，除了近十年常有人打電話來騙我，幸未上大當外，我安心過自己的生活。當年「移民潮」去不了美國的也會去加拿大，我是「美國人」的祖父，我不移民美國，更別說去加拿大了。娑婆世界無常，早年即移民美國的琦君（本名潘希真）、彭歌，最後還是回到台灣來了，這不能說台灣是「天堂」，以我的體驗而言是台北市氣候宜人，夏天三十四度以上的日子少，冬天十度以下的日子也很少，老年人更不能適應零度以下的氣溫，我只有冬天上大屯山、七星山頂才能見雪。有高血壓、心臟病的老人更不能適應。我不想做美國公民，做台灣平民六十多年，也沒有自卑感。

娑婆世界是一個無常的世界，天有不測風雲，人有旦夕禍福，老子早說過：「福兮禍所倚，禍兮福所伏。」禍福無門，唯人自招。我一生不起歪念，更不損人利己，與人爲善。雖常吃暗虧，只當作上了一課。這個花花世界是我學不完的大教室，萬丈紅塵其中也有黑洞，我心存善念，更不造文字孽，不投機取巧，不違背良知，蒼天自有公斷，我本著文學良心寫作，盡其在我而已，讀者是最好的裁判。

民國一〇〇年（二〇一一）辛卯七月二十九日下午六時二十三分於紅塵寄廬

1951 年墨人 31 歲與夫人曾麗春女士（30 歲）結婚十周年紀念合影於左營

墨人博士七十壽辰與夫人曾麗春女士合影。此照為大翻譯家、文學理論家黃文範先生所攝，並在照片背後題「南山北海惟仁者壽」。

民國二十九年(1940)作者墨人在江西南城戎裝照。

1939 年墨人即自戰時陪都四川重慶奉派至江西臨川王安石家鄉，第三戰區前線任軍事記者創辦軍報，提供抗日官兵精神食糧。時年 19 歲。

2010 年「五四」作者墨人 91 歲在花蓮和南寺家人合影

2003 年 8 月 26 日作者墨人（中）在含鄱口觀山景點與
作者長女韻華、長子選翰、三女韻湘、二女韻真合影。

2005 年 2 月作者次子選良（右一）回台北與父（右二）及
作者夫人（中）三女韻湘（左二）二女韻真（左一）合影。

作者墨人在書房留影，時年八十五歲。

《墨人博士大長篇小說〈紅塵〉法文譯本封面照片》

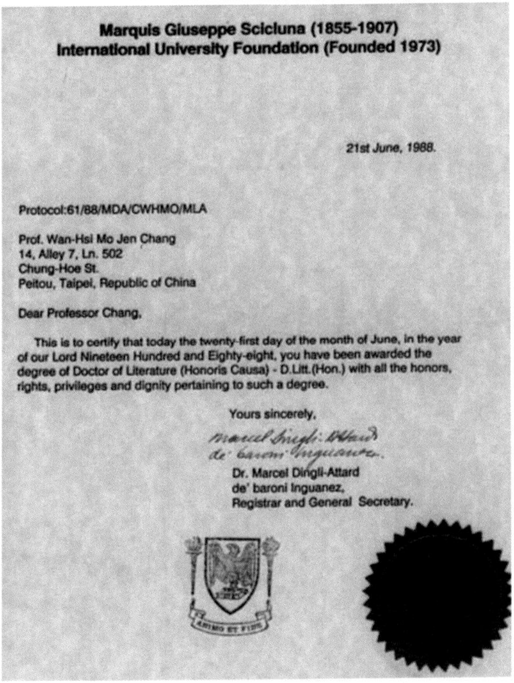

Marquis Giuseppe Scicluna (1855-1907)
International University Foundation (Founded 1973)

21st June, 1988.

Protocol:61/88/MDA/CWHMO/MLA

Prof. Wan-Hsi Mo Jen Chang
14, Alley 7, Ln. 502
Chung-Hoe St.
Peitou, Taipei, Republic of China

Dear Professor Chang,

This is to certify that today the twenty-first day of the month of June, in the year of our Lord Nineteen Hundred and Eighty-eight, you have been awarded the degree of Doctor of Literature (Honoris Causa) - D.Litt.(Hon.) with all the honors, rights, privileges and dignity pertaining to such a degree.

Yours sincerely,

Dr. Marcel Dingli-Attard
de' baroni Inguanez,
Registrar and General Secretary.

1988 年美國馬奎士國際大學基金會，授予張萬熙墨人教授榮譽文學博士學位證書。

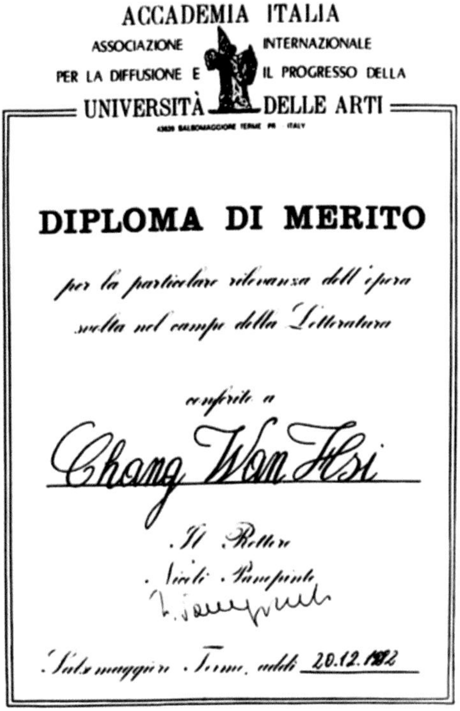

ACCADEMIA ITALIA
ASSOCIAZIONE INTERNAZIONALE
PER LA DIFFUSIONE E IL PROGRESSO DELLA
UNIVERSITÀ DELLE ARTI

DIPLOMA DI MERITO

per la particolare rilevanza dell'opera svolta nel campo della Letteratura

conferito a

Chang Wan Hsi

Il Rettore
Nicola Pampinta

Salsomaggiore Terme, addì 20.12.1982

義大利出版英、法、德、義四種文字的「國際文學史」的 ACCADEMIA ITALIA, 1982 年授予墨人的文學功績證書。

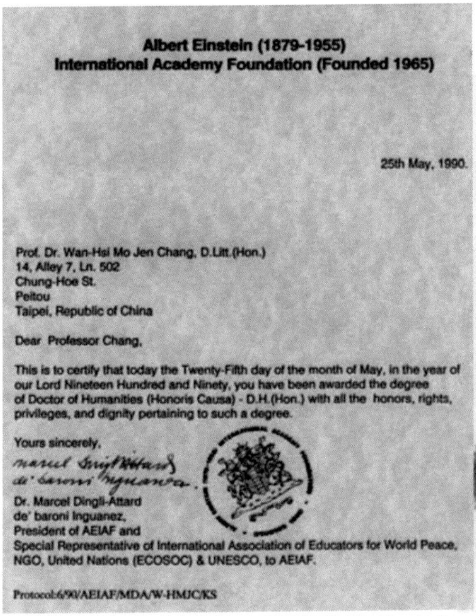

Albert Einstein (1879-1955)
International Academy Foundation (Founded 1965)

25th May, 1990.

Prof. Dr. Wan-Hsi Mo Jen Chang, D.Litt.(Hon.)
14, Alley 7, Ln. 502
Chung-Hoe St.
Peitou
Taipei, Republic of China

Dear Professor Chang,

This is to certify that today the Twenty-Fifth day of the month of May, in the year of our Lord Nineteen Hundred and Ninety, you have been awarded the degree of Doctor of Humanities (Honoris Causa) - D.H.(Hon.) with all the honors, rights, privileges, and dignity pertaining to such a degree.

Yours sincerely,

Dr. Marcel Dingli-Attard
de' baroni Inguanez,
President of AEIAF and
Special Representative of International Association of Educators for World Peace, NGO, United Nations (ECOSOC) & UNESCO, to AEIAF.

Protocol:6/90/AEIAF/MDA/W-HMJC/KS

1990 年美國愛因斯坦國際學院基金會授予張萬熙墨人教授榮譽人文學（含哲學文學藝術語言四種）博士學位

WORLD UNIVERSITY ROUNDTABLE
In Corporate Affiliation with the World University
Greetings
In recognition of Distinguished Achievement within the principles and purposes of the World University development, the Trustees of the Corporation, upon the nomination of the Secretariat, confer doctoral membership and this honorary award upon
Chang Wan-Hsi (Mo Jen)
The Cultural Doctorate in Literature
with all rights and privileges there to pertaining.

Witness our hand and seal at the
International Secretariat
Regional Campus, Benson, Arizona
April 17, 1989
President of the Board of Trustees
Secretary of the Board of Trustees

1989 年美國世界大學授予張萬熙墨人榮譽文學博士學位，文化大學創辦人張其昀（曉峰）先生亦獲此榮譽。

THIS PICTORIAL TESTIMONIAL OF ACHIEVEMENT AND DISTINCTION proclaims throughout the world that

DR. CHANG WAN-HSI (MO JEN)

is the recipient of the above-mentioned Honour, granted by the Board of Editors of the

2000 OUTSTANDING SCHOLARS OF THE 20TH CENTURY

meeting in Cambridge, England, on the date set out below, AND that the Board also resolves that a portrait photograph of

DR. CHANG WAN-HSI (MO JEN)

be attached to this Testimonial as verification of the Honour bestowed.

2000 OUTSTANDING SCHOLARS OF THE 20TH CENTURY

First Edition

Signed and sealed on the 14th December 1999

Authorized Officer

1999年10月張萬熙墨人博士榮登英國劍橋國際傳記中心《二十世二千位傑出學者》第一版證書。

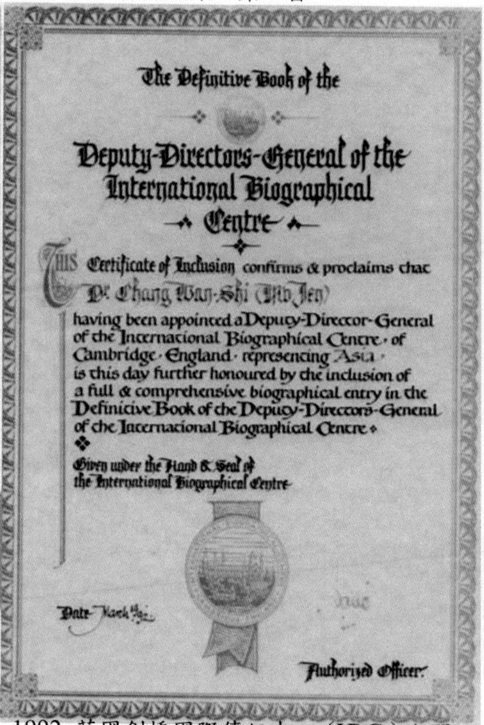
The Definitive Book of the

Deputy-Directors-General of the International Biographical Centre

THIS Certificate of Inclusion confirms & proclaims that

Dr Chang Wan-Shi (Mo Jen)

having been appointed a Deputy-Director-General of the International Biographical Centre of Cambridge England representing Asia is this day further honoured by the inclusion of a full & comprehensive biographical entry in the Definitive Book of the Deputy-Directors-General of the International Biographical Centre

Given under the Hand & Seal of the International Biographical Centre

Date

Authorized Officer

1992 英國劍橋國際傳記中心(I.B.C.)任張萬熙墨人博士為代表亞洲的副總裁。

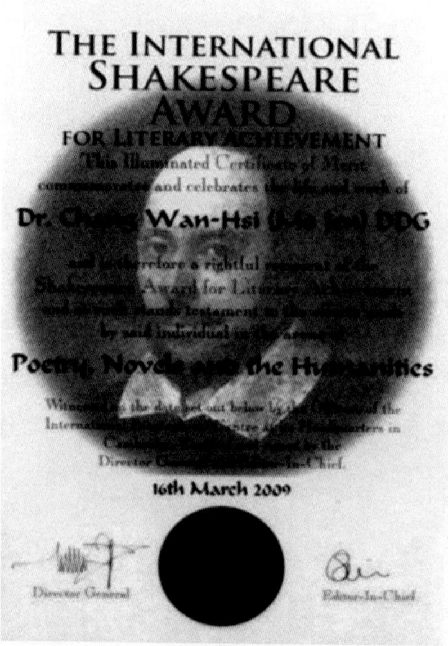
THE INTERNATIONAL SHAKESPEARE AWARD

FOR LITERARY ACHIEVEMENT

16th March 2009

Director General

Editor-In-Chief

2009年3月16日英國劍橋國傳記中心總裁與總編輯聯合授予張萬熙墨人博士國際莎士比亞文學成就獎。

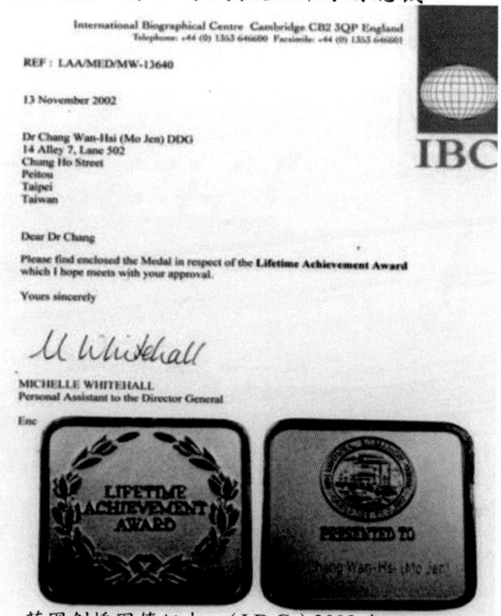
International Biographical Centre Cambridge CB2 3QP England

IBC

REF : LAA/MED/MW-13640

13 November 2002

Dr Chang Wan-Hsi (Mo Jen) DDG
14 Alley 7, Lane 502
Chung Ho Street
Peitou
Taipei
Taiwan

Dear Dr Chang

Please find enclosed the Medal in respect of the **Lifetime Achievement Award** which I hope meets with your approval.

Yours sincerely

MICHELLE WHITEHALL
Personal Assistant to the Director General

Enc

英國劍橋國傳記中心(I.B.C.)2002年頒發詩人作家張萬熙(墨人)博士終身成就獎，英文信及金牌正反面照片墨人早年即被I.B.C.推選為副總裁。

第二春　目次

我的筆墨生涯：

活到老寫到老

從民國二十八年在報上發表第一篇拙作算起，今年剛好四十四年。

本來我是投筆從戎的，那時年輕，正逢抗日戰爭如火如荼，我像一粒微塵一樣，捲入那個「大時代的洪爐」，以爲如果僥倖不死，自然會以軍人事業終此一生。可是卻意想不到，後來又轉學新聞，拿起筆桿上前線，連自衛手槍也沒有帶一枝，就這樣決定了我一輩子從事筆墨生涯。

那時新詩十分蓬勃，我也開始寫詩。

抗戰時期生活十分艱苦，而且很不安定，尤其是我，一年往往換兩三個地方，又沒有一個地方不是在日本飛機轟炸之下的。有一段時期我還是白天跑警報晚上編國際版新聞。因此我的詩作大半是在躲警報中寫的。產量最多的是三十一年到三十四年這個階段。

勝利後我到上海、南京工作，生活仍不安定，只寫了十來首詩。

三十八年來臺灣之後，詩又寫得多了。

三十九年，我出了第一本詩集「白山的火燄」，收集了長短詩八十六首。當時寫作的人很少，出版詩集的更少。只有葛賢寧、紀弦、金軍和我出了詩集，覃子豪還未公開發表作品。海洋詩抄是以後出版的。

四十一年我出版了第二本詩集「哀祖國」。

四十二年到五十一年這十年之間我只寫了「雪萊」、「海鷗」等二十二首詩，直到民國六十一年中華書局出版我的一套五大本墨人自選集時，我才將這些詩和精選的二十八個短篇小說編入一大冊「短篇小說，詩選」內，一共收了一〇六首詩。

五十一年以後我很少寫詩，直到六十八年宋瑞兄陪我登山，突然詩興大發，六十八、九年之間，一下子寫了三十四首，加上了「臺北的黃昏」、「歷史的會晤」、「羅馬之雲」、「羅馬之松」、「翁冷翠的女郎」、「塞納河」、「六月之荷」、「哀吉米卡特」、「花甲之歌」、「無題」、「龍泉低語」等，六十九年出版了第三本詩集「山之禮讚」，距我第一本詩集剛好三十年。

四十一年以後，我專心於小說創作，所以詩寫的少了。

四十二年我寫了一部兩本的三十多萬字的長篇小說閃爍的星辰，本來暢流雜誌有意發表，但因連載時間太長，高雄大業書店要出版，我就交給大業直接出版，陳暉先生先付給我六千元版稅。這在當時確是創舉，也是陳暉先生的大手筆，其實他那時只有三萬塊錢的現金資本。那時我兩個男孩子都生肺病，鏈黴素要二十塊錢一針，這筆版稅正好救了兩個孩子的性命。同時高雄百成書店也出版了我第一個短篇小說集「最後的選擇」。不巧，百成書店一夜之間被大火燒光了。

民國四十四年我又在香港亞洲出版社出版了第二個長篇「黑森林」。亞洲是資金雄厚的大出版機構，這次拿的版稅比「閃爍的星辰」多三四倍，同年還獲得文獎會八千元長篇小說獎金，這兩筆錢在當時是一筆不小的財富，可買一百多兩黃金，而左營中學附近的土地只要六元一坪，別人勸我買土地或房屋，我連寫字枱都不買一張，一是眷舍太小，放不下；二是我相信「一年準備」，三五年內就會回去。我有太多逃難、搬家的經驗，三十八年逃到臺灣來，除了一家七口外，什麼都沒有帶，還能帶着土地房屋回去不成？因此，除了接濟朋友外，這兩筆錢都存進銀行，作爲子女教育費。可是不到三個月，一夜之間這筆錢就貶值一半了！沒有發揮一點效用。一直到現在，在我的寫作生涯中，再沒有拿過那麼多的錢。

四十七年我又有一個長篇「魔障」在「暢流」發表出版。

四十八年有個長篇「孤島長虹」在文壇連載出版。

四十九年我提前自軍中退役。這年文協開會決定，推定五個人寫短篇小說參加維也納納富出版公司一系列的世界最佳小說徵稿，先在《作品》雜誌發表，然後譯成英文寄維也納，《作品》主編章君穀告訴我要我立刻寫一篇，我寫了《馬腳》，想不到拙作是五篇中唯一入選的一篇（蕭傳文女士是自己應徵的，也入選）。大陸上有老舍、郭沫若入選。五十年（一九六一）選集出版，該公司寄我一本還附來版稅。一看選集內容，作者大都是世界名作家，如諾貝爾文學獎得主美國作家威廉福克納（William Faulkner）、瑞典作家拉革克菲斯特（Puul Lagerkvist）等都有作品入選。

五十年我以江州司馬筆名寫了一個短篇小說《小黃》，亦由馮馮譯寄，簡歷由馮馮編造，亦再入選。第二年由馮馮送來新書，他也有一篇入選。以後我就沒有再參加了。

以上所有的作品大都是公餘在辦公室或晚上伏在床上寫的，因為我沒有書桌。

退役以後我先是在臺北養雞，希望賺了錢以後再去深山寫作，但事與願違，不但賠光過去在左營留下的一點老本，還犧牲了三四年寶貴的時間。養雞失敗使我走進了死巷子，只好埋頭寫作，以短篇養長篇，又養家活口，這段時間我寫得很多，臺港兩地都有我的作品發表，因此朋友多說我是「多產作家」。

五十二年香港九龍東方文學社出版了我的中篇小說「古樹春藤」。五十三年又出版了我的短篇小說集「花嫁」，收集了「敎師爺」、「劉二爹」……等十四個短篇。

五十三年高雄長城出版社出版了我三個中短篇小說集「水仙花」、「颱風之夜」、「白夢蘭」，共收集了四十七個中短篇。

五十四年長城出版社出版了我在中華日報連載的長篇小說「白雪青山」、及在他報連載的另兩個長篇「春梅小史」、「東風無力百花殘」。同時省政府新聞處又約我寫了一個長篇「合家歡」，出版之後又由大業書店再版。

五十五年我寫了文藝理論紅樓夢的寫作技巧，恰巧五月馬尼拉華僑文藝講習會請我主講一個月的文藝課程，我除了講新詩外，就講紅樓夢的寫作技巧，返回臺北後就交商務印書館出版。原先我以爲這種書沒有人買，想不到一連賣了十版，而且銷路一直很穩定，買的人多是寫作的朋友。女強人作者朱秀娟女士今年在文協會親口對我說她把紅樓夢的寫作技巧擺在案頭，當作工具書。朱小姐和我向無交往，她如此坦誠，使我感動。別人從未說過這種話。

這年商務還出版了我的中短篇小說集塞外，收集了十四篇作品。

五十六年小說創作社出版了我的長篇小說碎心記。

五十七年小說創作社又出版了我在中華日報連載的長篇小說靈姑。水牛社出版了我的第一本散文集「鱗爪集」，收入了七十六篇散文。

五十八年商務印書館出了我的中短篇小說集「青雲路」。

五十九年商務又出版了我的中短篇小說集「變性記」。幼獅書店出版了我的長篇小說「龍鳳傳」。

六十年立志出版社出版了我的長篇小說「火樹銀花」。這本來是我在十年以前計劃寫作的百萬字大長篇[redacted]的第一部，有五十多萬字，實際上我寫了五十多萬字，但格於情勢，無法再寫下去，只好提早放棄[redacted]。這年我還在高雄新聞報連載了長篇小說「紫燕」。

六十一年聞道出版社出版了我的散文集「浮生集」。學生書局出版了散文小說合集「斷腸人」。

六十一年對我個人來說還有一件大事，那就是一向不出版文藝書籍的中華書局出版了我一套五大本「墨人自選集」，包括長篇「白雪青山」、「靈姑」、「江水悠悠」（東風無力百花殘易名）、「鳳凰谷」及「短篇小說・詩選」。這是二十四開本的印刷考究大方的自選集。開臺灣出版界出版作家自選集的風氣之先[redacted]。

這以後我很少寫了。一是因爲當了公務員的關係；二是對文藝風氣失望，三是潛心探索中國文化源頭，修訂紅樓夢，並構思準備另一個百萬字大長篇「紅塵」。

這三項工作相互關聯，互爲因果，花了我十年以上的時間。我對中國固有文化以宇宙爲中心，以人爲本的眞面目，尤其是我固有文化重視宇宙自然法則的科學精神，更多體認，我總算撥雲見日。紅樓夢的修訂工作也完成了，我定名爲「張本紅樓夢」，以別於程乙本紅樓夢。我修訂的重點是人物年齡、景物時序、章回之間前後銜接調整、重新分段分行，更改兩處回目，另加四百七十多條眉批，並指出曹雪芹的思想淵源、層次，以及紅樓夢的主題意識。這些工作很不簡單，但我也完成了，只是沒有資金雄厚而又有魄力的出版機構出版，所以藏着。

六十七年我應秦心波先生之約，寫了一本傳記小說「詩人革命家胡漢民傳」，由近代中國社出版。

六十八年學人文化公司出版了我的長篇小說「心猿」（紫燕易名）。這本書是一位小學女老師的眞實故事，當年她將自己的慘痛愛情故事和身世源源本本告訴我，日記也交給我，希望我寫成一本書，作爲少女的殷鑑。我寫了，她也看了連載，但那時她還沒有歸宿，所以我一直沒有出版，等事過境遷，我才易名出版。

六十九年中華日報出版了我的散文集「心在山林」。學人文化公司也出版了「墨人散文集」。其實「墨人散文集」收集的多是談論中國文化與文學的理論文章。如「中國文化的三條根」、「中國文化的眞面目」、「宇宙爲心人爲本」、「中國文化的宇宙觀」、「李約瑟與中國文化」、「人與宇宙自然法則」、「文化、社會形態與當代文學創作」、「文藝界的『洋』瘋癲」等，一共五十多篇，我不想以學術理論唬人，所以定名爲「墨人散文集」。可惜這家出版公司因爲擴張太快，人謀不臧，倒了，除了我的兩本書沒有發好，還丟了我一本遊記剪稿，十分遺憾。

七十二年商務印書館出版了我的散文集「山中人語」。

七十四年江山出版社出版了我兩本散文集，一是「三更燈火五更雞」，二是「花市」。因爲我一直在構思準備那個百萬字的大長篇，所以這些年來我未創作其他長篇。

本來我計劃在六十五歲以前完成這個大長篇，但遲遲不敢倉卒動筆，更不敢邊寫邊發表。我一生的心血都將投在這個大長篇上，我希望提前退休專心來寫，但不巧的是幾年前我[illegible]地當[illegible]，七十三年請求提前退休不成，而年齡日增，深恐無力完成這個艱巨的工作，不得已，在這年端午節那天，內人住院割白內障，我一人在家，無人干擾，節也不過，破釜沉舟地動筆了。長篇小說開頭最難，尤其是百萬字以上的大長篇更是千頭萬緒，開頭不好即注定失敗。也許是構思準備了十多年的關係，那天開頭即很順利，一天寫了五六千字，信心大增。於是接着寫下去。每天我要上班、處理公務，再加開會、瑣事、來往擠公車，耗在這方面的時間總在十一小時左右。寫作時間多在夜間，每夜只能睡兩三小時，一覺醒來就趕快爬起來寫，想睡也睡不着，這樣我每月平均可以寫六七萬字。可是寫到七十四年六月十四日半夜，六百字的稿紙寫到一千二百六十一頁，我突然覺得天旋地轉，只好暫時停筆。本來謝冰瑩大姐看了我在中副發表的「三更燈火五更鷄」之後早在七十三年八月二十五日就從舊金山飛函勸我保重身體，不要拚命寫這麽大的長篇，我當初就決定了以老命換取這個大長篇，所以沒有聽她的勸告，結果還是出了毛病。這樣拖了一個多月還是照常上班，寫寫停停，公保又看不好病，醫院也住不進去，成天頭暈腦脹，最後才住進馬偕醫院。幸得薛一鴻大夫對症下藥，兩天就完全好了。他又爲我驗血，作超音波檢查，電腦斷層掃描，沒有發現腦血管有什麽損傷，住滿一周出院，幸而我一切正常，尤其是血壓，一生未變，始終是八十一百二十以下，不然這次的後果不堪設想。

出院後我一面服藥一面繼續寫作，七十四年八月一日正式退休，十二月底完成了這部一百一十多萬字的大長篇「紅塵」。直到現在我[illegible]不得不[illegible]書名[illegible]希望別人不要再套用，因爲以前我的那個未完成的大長篇題目「大地龍蛇」早在二十多年前已經公開，竟却被人套用了！大長篇固不易寫，題目也很難定，但願同文大發慈悲，這次放過我這個大長篇完成之後，[illegible]我就開始研讀全唐詩，邊讀邊寫「全唐詩尋幽探微」，現在已經寫了八萬多字，已在高雄新聞報陸續發表，不久即可完成，當在十萬字以上。同時我也寫了十九首七言絕律。我始終覺得中國絕律詩有許多特殊的優點，是西洋詩無法相比的。

到現在為止，我一共出版了詩集、散文集、長短小說、文藝理論三十本，完成十一個一百廿多萬字的長篇（超過紅樓夢二十五萬字）；也[illegible]列入英、美、義、印度等國編印的「國際文學史」、「國際作家名錄」、「國際詩人名錄」、「世界名人錄」等十餘種。但我總覺得自己的努力不夠，過去浪費的時間太多，有生之年我還要繼續努力下去，活到老、寫到老。

過去每年我都在公保體檢一次，一切正常。[illegible]又在古道堂用西德進口的「生物能」診斷儀檢查了一次，經電腦判讀，醫生說我健康狀況與青年人一般，活一百歲沒有問題。我今年七十七歲，果真如此，那我還可以再寫三十來年，以彌補過去的損失。我活着就要讀書寫作，別無所求，利害毀譽在所不計，但求心安，盡其在我而已。

（原載75年10月「文訊」月刊26期「筆墨生涯」專欄）

人瑞

十月三十一號休假，劉九初不上班，又約了老友許文端一道爬山。每年這段秋高氣爽的日子，正是爬山的最好季節，從上個月開始，一遇星期假日，劉九初一定爬上大屯山、面天山、向天山或向天池去消磨半天，有時和許文端一道，大多時間是他單人匹馬，但是一上山之後就不愁沒有件了，因爲每逢假日，爬山的人一定很多，不管識與不識，一上山之後自然變成朋友了。爬山就有這個好處，不管男女老少、年紀大小，生張熟魏，一到山上自然十分親切友好，絕無世俗之見，富貴貧賤之分，劉九初之所以喜歡爬山，主要的是藉此解除世俗的煩惱，同時也鍛鍊鍛鍊身體，天天坐辦公桌，不是養生之道。

這天上午八點半鐘，劉九初、許文端兩人就坐着中型六路巴士到了淸天宮，這是登山的起點。從前沒有中型巴士，就得從山下沿着柏油山道走上來，多費個把鐘頭的時間。現在好多了，一下車就直接登石級小路。臺北附近的山以這座山最高最有意思，劉九初也摸得最熟，初次上這座山的人都有點上氣不接下氣，但他和許文端却越走越順，越走越輕快了。很多青年人都被他們抛在後面，因爲他們直上三聖宮，中途不必休息。

他們到達三聖宮時，小廣場上已有不少登山的人在這兒休息。眞所謂「莫道君行早，更有早行人」，登山的人都有早起的好習慣。

他們兩人在這兒都沒有遇着一位朋友、同事，許文端吸了一口新鮮的空氣，看看滿眼翠綠、結實纍纍的橘子樹，指着烟塵滾滾、一片模糊的大臺北感慨地說：

「我們的朋友、同事，不知道上山來享享清福，却伏在麻將桌上消耗生命，實在可惜。」

「爲了芝蔴綠豆的小事，在紅塵萬丈的臺北勾心鬥角更不值得。」劉九初接嘴。

「人就是這麽想不通，」許文端不禁失笑：「說不定他們還笑我們兩人是大傻瓜呢。」

「走吧，我們兩個大傻瓜。」劉九初提起水壺乾糧袋往肩上一掛，便領先走了出來。

離了三聖宮，走了一段石級路，便看到一個指路牌，一邊是上大屯山、面天山，一邊是上向天池。這兒有一片大松林，每棵松樹都有好幾丈高，粗可盈抱，遮天蔽日，是高山的標誌，臺北附近的山除此之外，很少能看到這麽多高大的松樹。他們兩人向大屯山方向走去，因爲他們計畫從向天坪上面天山，再從面天山經向天山到向天池，這樣可以多爬兩座山峯，多看看風景，多消耗一點不必要的脂肪。

向天坪有一戶獨立人家，是一個湖南人蓋的克難房屋，他在這兒成家，種種香菇、地瓜、果樹，也賣點冷飲、麵條、地瓜湯，供過往登山客吃喝。他還養了一些土雞、火雞、珠雞、番鴨、鴿子，有些老登山客人事先和他約好，付了定金，下次登山時自帶高粱老酒，吃他燉好的土雞，雞香酒醇，頗有幾分野趣和雅趣。

他們兩人在一百公尺之外就望見向天坪有好多人在休息談笑。劉九初笑着對許文端說：

「嘿！這批人更早！」

「他們可能是天一亮就從臺北趕來。」許文端說。

一隻大白狗迎着他們叫了幾聲，隨後便自動收兵，彷彿不這樣叫幾聲便對不起自己的主人似的。

大家看他們兩人來到，很自然地笑着打了一個招呼。他們兩人也說了聲「好早」。劉九初想找那根他坐過的樹幹休息，低頭一看，却發現一位光頭、圓臉、兩隻大耳朵、一對白眉毛，眉毫拖下一寸多長，矮矮胖胖、富富泰泰的老頭，穩如泰山地坐在那兒紋風不動。他仔細打量一番，覺得好熟好熟，但一時又想不起這位老人是誰？便隨口說了一聲：

「老伯，您好！」

老人抬起頭來也打量他一番，忽然笑着一躍而起，握着他的手說：

「小老弟，想不到在向天坪遇見你！」

「哦，你是林老伯？眞高興你這麽大年紀還爬山？」劉九初突然想起老人姓林，而且有一個很不雅的名字：乞食。他高興地搖搖老人的手說：「十幾年不見，您還是這麽健康！」

「看樣子，十年二十載還死不了。」林乞食爽朗地笑着回答。

「林老伯，今年你該滿一百歲了吧？」劉九初問。十幾年前，他在圓山五百完人塚那邊學太極拳時，第一次碰見林乞食，別人就告訴他，林老先生已經是八十五歲的人，居然身手靈活，毫無龍鍾老態，加之林乞食的樣子活像一尊彌勒佛，他還以爲林乞食是彌勒佛轉世的呢。

「去年我就滿了。」林乞食笑着回答，又拉着他在身邊坐下。劉九初隨即介紹許文端和林乞食認識。

許文端聽說林乞食已經一百零一歲，不禁目瞪口呆。林乞食又拍拍他右邊的空位叫許文端坐，還嘉勉他說：

「年輕人能抽空爬爬山總是好的。」

「老伯，我今年六十一了，一點也不年輕。」許文端笑着回答。

「不論怎麽說，在我眼裏你還是年輕人。」林乞食毫不在意地笑笑。

「當然，比起老伯您來我怎麽敢言老呢！」許文端恭敬地回答。

「不要老是記着自己的年齡，你就不會覺得老了。」林乞食說：「年齡並不能代表老少，你看，我還不是和二三十歲的小伙子一起爬大屯山？」

「我怎麽能和老伯您比？」許文端一向很謙虛，在林乞食面前他更謙虛了。

「我又沒有三頭六臂，我還不是和你一樣？」林乞食說。

許文端又打量他一眼，的確，林乞食和自己並沒有兩樣，甚至比他還矮，他只有一六〇高，林乞食大概只有一五八，是標準的五短身材，甚至連鬍鬚也沒有蓄，嘴唇上下乃至下巴刮得比任何人都光。

「林老伯，如果你不是這對白眉毛，誰也看不出你是上了年紀的人了。」劉九初說。

「眞的，如果您刮掉了這對壽眉，頂多只能看出六十歲。」許文端連忙附和。

「那我不和這位老弟一樣年輕了？」林乞食望望劉九初，對許文端一笑，隨後又問劉九初：「老弟，你今年也快六十了吧？」

「剛好六十。」劉九初笑着點頭。

「眞快，時間過得眞快！」林乞食回憶地說：「想當初你學太極拳時，大概才四十出頭，眞是後生小子，可是身體倒不如現在。」

「那時我有風濕病。」劉九初說。

「後來又爲什麼突然不學了呢？」林乞食問。

「因爲我找到了工作，早晨要趕着上班。」劉九初說。「林老伯現在還照常去打太極拳嗎？」

「我每天早晨四點多鐘就起床，怎麼不去？」

「不論天晴下雨？」許文端問。

「早在日據時代，沒有五百完人塚之前，我就天天去，不論晴雨。」林乞食說。

「眞了不起！」許文端伸出大拇指搖搖。

「我是窮命」林乞食自作解嘲：「一是不能睡懶覺，二是一天不動身體就不舒服。」

「林老伯，前天重九，你也沒有在家裏享福？」劉九初問。

「我和阿林阿土他們照樣爬山。」林乞食指指另外兩位坐在一邊談笑的年長者說。

「市長有沒有送您金牌？」劉九初問。他看過報，他記得臺北市一百歲以上的人瑞一共有二十二位，市政府要送他們每位一塊「福壽康寧」的金牌。

「送了。」林乞食笑着回答：「可是我沒有領。」

「老伯，你爲什麼不領？」許文端有點奇怪。

「我怕見報，更不願上電視，我要小兒子代我領。」

許文端哦了一聲，隨後又說：

「林老伯，別人都希望見報，更想在電視上亮亮相，你爲什麽不喜歡那樣？」

「如果我也喜歡那一套，我怎麽能活到現在？」林乞食向許文端一笑。

「有道理，有道理。」許文端點點頭，吟哦起來。

「阿伯，我們走吧？」那兩位年長者站起來對林乞食說。

林乞食立刻站了起來，望着劉九初他們說：

「你們兩位是跟我們一道走，還是單獨行動？」

「老伯，你們往那兒去？」劉九初問。

「我們剛從大屯西峯下來，現在準備上面天山，然後去向天山、向天池，再從小坪頂那邊回臺北。」那兩位叫做阿林阿土大約七八十歲的長者說。

「好，我們兩人跟你們一道走。」劉九初說。

那兩位長者恭敬地讓林乞食走在前面。他們全身登山裝備，紅色的背包上還繫了鈴鐺，走起路來叮叮噹噹響，胸前還掛了一隻口哨，脚上自然穿了厚厚的登山鞋，手上也戴了手套，他們一行十幾個人，不分老少，都是這身配備。

他們兩人跟在那兩位長者的後面。林乞食一馬當先，步伐穩定，這兩位老人也不是弱者，一步一個脚印。許文端看見他們三位老年人這麼健朗，輕輕地對劉九初說：

「現在眞是時代變了，上百歲的人還和小伙子一道爬山，要是從前在大陸上，怎麼說別人也不會相信。」

「是呀！以前楊森八十五歲登玉山，報紙還大登特登呢！」劉九初應和。

劉九初說話的聲音大一點，被他前面的長者阿土聽到，阿土回過頭來向劉九初一笑：

「楊森八十五歲登玉山算什麼，我阿伯九十五歲那年還上玉山呢！」

「那我們怎麼沒有看到報紙登這個消息？」許文端問。

「我阿伯最討厭出鋒頭！他要我們封鎖消息，根本不讓新聞記者知道。他連每年捐款做好事，都沒有人知道。」阿土生怕說溜了嘴，忽然警覺地問劉九初：「你們兩位該不是新聞記者吧？」

「您放心，我們兩人都是小公務員。」許文端連忙表明身份。

「那就好！」阿土放心地說：「我阿伯每年把兒孫送給他的壓歲錢，都用無名氏的名義捐給孤兒院或其他慈善機關，像國際兒童村，他也捐過款。」

「那能有多少錢？」許文端以爲壓歲錢頂多不過三兩萬，沒有多大用途。

「以前錢值錢的時候是三五十萬，去年升到一百萬。」老人不以爲忤地說。

許文端向劉九初伸伸舌頭，他眞沒有想到壓歲錢會有這麽多，他幹了一輩子公務員，退休時恐怕還拿不到一百萬。

劉九初對林乞食的情形比較淸楚，十幾年前他們在一起打拳時，就聽到別人說過他很有錢，但是表面上一點都看不出來。因爲別的有錢人是坐小轎車來運動，他連公車都不坐，他討厭招搖。

「他怎麽會有這許多錢？」許文端奇怪地問。

「聽說當初他也很窮苦」劉九初把以前別人告訴他的話轉告許文端：「他家原來是南京東路那一帶土地的佃農，他也只唸過三年私塾，就跟着父親哥哥種田，種了好幾甲，生活還是很苦，他便乘農閒時作作小生意，賣賣西瓜、檳榔、呱嗟板，反正那一樣賺錢他就做那一樣，以貼補家用，但是始終發不了財。直到光復以後，政府實施土地改革，他才轉了運，佃農變成了自耕農，後來工商業一天天發達，經濟一天天繁榮，南京東路一帶的地價暴漲，他父親哥哥又早已去世，他就大走老運了。」

「那他專吃地皮也就夠了。」許文端說。

「不，」劉九初搖搖頭：「因爲他從前做過小生意，知道做生意賺錢比較快，他先賣了幾甲地，投資工商事業，大賺特賺；後來他又把剩下的土地蓋成公寓出售，又大賺特賺。我認識他的時候他已經是三家大工廠、兩家大公司的大老板了！但是他自己已經功成身退，把事業交給小兒子、孫子們去經營了，他天天早晨上圓山運動運動，自由自在。最近十幾年來的情形我就不清楚了。」

「聽這位老先生剛才的話，去年他收的壓歲錢都一百萬，那一定更有錢了。」

「這十幾年來臺灣經濟起飛，林老伯的兒孫們當然也賺得更多了。」

「眞看不出來！」許文端說。

「這才叫做眞人不露相。」劉九初說。

林乞食已經爬完了石級路，再上去全是泥土小徑，兩位老人對他說：

「阿伯，休息一下吧？」

「免，」他回頭對他們兩位說：「到山頂上去休息。」

許文端都覺得有點累，林乞食反而腿勁十足，一股勁兒往上爬。許文端一面擦汗一面說

「我看林老伯眞會活上兩百歲。」

「現在雖然還沒有這個紀錄，但是今年三重市的人瑞江吉和高英，都活了一百一十歲，而且都是男的。美國黑人人瑞查理士，活了一百三十七歲，最近才死。」劉九初很注意看這

類新聞，他如數家珍地說。

「奇怪，你怎麽記得這些事？」許文端向劉九初一笑。

「我也想活一兩百歲呀！」劉九初笑着回答。

許文端打量劉九初一眼，看他神清氣爽，爬了這麽久的山還若無其事，便點點頭說：

「你身體好，又看得開，很有可能。」

「現在營養好，醫藥進步，只要自己不糟蹋身體就行。古人說『人生七十古來稀』這句話應該推翻，現在，林老伯已經一百零一歲了，還不是和我們一樣爬山？」劉九初說到這裏忽然壓低聲音附着許文端的耳朵說：「如果今天不在這兒突然碰見他，我還以爲他老早死了呢！」

「這眞是古人做夢也想不到的。」許文端說。

現在山上沒有樹木，完全是茅草了。有的地方茅草比人還高，林乞食人又矮，他低着頭在茅草裏面鑽進鑽出，過了好幾分鐘，他突然把頭一抬，大聲說：

「到了！」

後面的小伙子聽說「到了」，一陣歡呼，加緊脚步爬上來。劉九初緊隨在阿土後面也上了面天山頂。

面天山頂是一塊圓形的平地，若干年前這兒一定是火山口，時代久遠，火山死了，日積月累，塵土掩埋了洞口，便成了現在這種形狀，這兒和大屯西峯頂端不同，大屯西峯峭石嶙峋，沒有平地。

這兒視野極佳，極目千里，新完成的濱海公路和白沙灣的方位都看得清楚；淡水、臺北更近，不過臺北十幾層的高樓看來只像小孩兒玩的積木，人太小，一個也看不出來。

林乞食把背包放了下來，他臉色紅潤，呼吸均勻，沒有一點倦意，許文端佩服之至，連忙豎起大拇指對他說：

「林老伯，您老眞了不起！」

「也沒有什麼了不起，只是天天運動慣了，所以不怎麼累。」林乞食說，同時又誇獎許文端：「你也不錯，還能爬得上來。」

「和您老比起來，眞是慚愧！」許文端笑着拱拱手。

「不是我在你面前賣老，我長孫和你同年。」林乞食笑着打趣，笑得像彌勒佛。

「啊喲！那我應該叫您阿公了！」許文端抱歉地說。

「不必，不必，」林乞食連忙搖手：「不要眞的把我叫老了。」

大家先後把背包放下，有的坐在石頭上，有的躺在草地上，有的跑到邊沿去看風景，大家自由自在，無拘無束。

劉九初、許文端和林乞食坐在一塊，許文端第一次看見林乞食，第一次和他一道爬山，對他更有興趣。因此問東問西，林乞食也坦白告訴他。許文端聽過之後又重複地說：

「您老眞好福氣：三個兒子、十個孫子、二十五個曾孫、十五個玄孫，眞好福氣！」

「女兒媳婦你還沒有算在裏面呢！」劉九初對許文端說。

「林老伯自己沒有講，我怎麽知道？」許文端笑道。

「如果統統都算，那就太多了。」林乞食笑着說。同時從背包裏取出水壺、便當。又問他們：「你們兩位吃過早飯沒有？」

「吃過了，」劉九初回答：「老伯，您還沒有吃早飯？」

「沒有，」林乞食搖搖頭：「我每天早晨都是運動過後再吃早飯。」

許文端聽了更加驚奇，連忙說：

「老伯，您老眞了不起！空着肚子爬這麽高的山，走這麽遠的路，年輕人也辦不到。」

「你這話倒不錯，」林乞食點點頭：「我的小曾孫今年二十一歲，大學還沒有畢業，早晨就起不來，又不好動，我要他跟我一道爬山，爬了一次他就不敢再爬。」

林乞食打開水壺喝了幾口水，隨後又打開便當盒，飯上面蓋了一條吳郭魚，幾塊豆腐，一撮芥藍菜，沒有肉。

「老伯，你的菜很淸淡。」劉九初說。

「老年人不宜吃得太油的東西，我這些菜足夠營養。」林乞食邊說邊吃起來。「現在我們臺灣人的病都是吃出來的，很多人三天兩天吃酒席，在家裏也是大魚大肉，因此心臟病、高血壓、糖尿病都來了。想當年，我們是營養不良，那會營養過度？現在如果不是醫藥進步，說不定平均壽命比以前還短？」

「您老說的是，」許文端說：「現在我們大家都吃得太好！」

「不瞞兩位說，從前在日據時代，我家裏很窮，我年輕時飯量很大，吃地瓜又容易餓，一天到晚好像都沒有飽過。」

「那是缺少油水的關係。」許文端說。

「那有什麽油水？連在來米都是省着吃的。」林乞食說着用竹筷挑起一團白米飯，「你們看，我現在吃的是蓬萊米，當我年輕的時候，大年夜也吃不到蓬萊米。」

「眞是六十年風水輪流轉，現在您老是享福了。」許文端說。

「要不是臺灣光復，我也沒有今天。」林乞食說：「我的曾孫都沒有吃過我那樣的苦，他們人在福中不知福，還嫌這樣不好，那樣不好，眞該打屁股。」

劉九初許文端被林乞食說得笑了起來。

「老伯，您老的曾孫都該上大學了吧？」劉九初問。

「最小的也上大學了。」林乞食得意地說。「他們是最幸福的一代，大學還沒有畢業的就吵着要留美，我當年想去高雄一趟都很困難。」

「現在有錢了，讓他們多讀讀書也是好的。」劉九初說。

「我父親一個大字不識，我也只唸了三年私塾，我小兒子也只小學畢業。小孫子中學畢業，曾孫子個個大學畢業，還有三個洋博士，一個土博士。」林乞食說。

「您老的曾孫子都多大了？」許文端說。

「最大的三十九歲，最小的也二十一歲。」林乞食回答。

「他們剛好遇上最好的時代。」劉九初說。

「他們現在幹什麼？」許文端問。

「除了三位上學的，大部分在自己的工廠、公司作事，也有在大學中學教書的，還有三位在美國當工程師。」

許文端嘖嘖稱讚。劉九初問：

「老伯，您的孫子、曾孫，有沒有當議員和縣市長的？」

「一個也沒有。」林乞食搖搖頭。

「爲什麼？」

「我不讓他們走這條路。」

「那又爲什麼呢？」

「我要他們安份守己地做生意，辦工廠，或者敎書，這樣比較實在，我不喜歡做官。」

「他們都聽您的？」

「當然不個個聽，」林乞食坦白地說：「我最大的曾孫就不大安份，上次他聽人家慫恿，要競選民意代表，印了好多的傳單，被我知道了，我把傳單燒了，好好地訓了他一頓，要他退出競選，礙着我這塊老臉皮，他不得不中途退出。」

「那他還算孝順。」許文端說。

「其實這裏面還有一大段文章。」那個叫阿土的老人走過來插嘴。

林乞食伸了一個腰，站了起來，走到平地中央，慢慢打起楊派太極拳來。

阿土看了他一眼，便和劉九初、許文端兩人閒聊起來，他雖然是七十以上的人，可是談鋒很健，他繼續說：

「我那位大侄孫兒子還不到四十歲，他大學畢業，以爲什麼都懂，一腦門子歪哥想法。

你們兩位不要見怪，年輕人不懂事，他也不知道自己的祖宗是從那裏來的。」

「我們不會見怪。」劉九初、許文端同聲說。

「別人知道他家裏有錢，他又是學政治的，因此慫慂他出來競選。」

「其實這也不是什麽壞事。」劉九初說。

「本來不是壞事，」阿土說：「可是他的狗頭軍師出了許多歪哥主意，還特別說要罵外省人、罵政府，這樣才可以爭取選票。起初我阿伯還不知道，後來他看到傳單，就大發脾氣，把他叫到老家來。」

「叫到老家又怎麽？」

阿土很會說故事，彷彿說書人，說到重要關頭故意停頓一下，許文端迫不及待地問：

「我阿伯已經在祖宗牌位前上好三柱大香，我那大侄孫兒一進門他就指着祖宗牌位喝聲『跪下！』。」

「跪下沒有？」劉九初知道現在的年輕人不吃這一套，生怕林乞食下不了台。

「他敢不跪？」阿土故意賣弄：「你們別看我阿伯像尊彌勒佛，他一發起脾氣來誰都擋不住，何況他平日家教又嚴，就是現在當家的我那位堂弟，見了我阿伯也是說一不敢二的，何況是曾孫子！」

「跪下以後難道打屁股不成？」許文端說。

「那倒沒有。」阿土說。

「難道就這樣算了不成？」劉九初問。

「你們也眞性急，我的話還沒有說完呢！」阿土望了他們兩人一眼：「我阿伯從祖宗牌位龕中取出族譜，一頁頁地指給大曾孫子看，看完之後又問：『現在你明白了沒有？』大曾孫子像做了一場夢一樣突然醒悟過來，乖乖地點點頭。」

「這倒是很好的教育。」劉九初說。

「可是我阿伯還不讓他起來，他指着大曾孫子的腦袋說：『我們林家從泉州老家來到臺北，到我還不過四代，你就忘了祖宗，以爲我們是高山族？別人混帳你也跟着別人混帳？』大曾孫子頭都不敢抬起來，直到他答應退出競選，我阿伯才讓他起來，而且不准他家任何人以後再參加什麽競選。」

許文端連說「了不起」，十分尊敬地望着林乞食，他正在那兒作蛇身下勢，腰彎得很低，頭幾乎靠着小腿，許文端看得目瞪口呆。阿土又接着說：

「像我阿伯這樣的人實在很少。」

「的確不多！」許文端點點頭。

「還有一件很有趣的事。」阿土的話匣子一打開彷彿就收不攏。

「什麽事？」許文端連忙問。

「他的孫子、曾孫子都嫌他的名字太俗、太醜，彷彿丟了他們的臉一樣，要替他改名字，他可火大了，把那些孫子、曾孫子都叫到面前來，着實訓了他們一頓。」

「林老伯怎麽個訓法？」

「他對他們說：你們吃了幾天飽飯，剛丟掉討飯棍，就忘記叫街時？想當初我們家裏沒有一分地，種的地全是別人的。我是么兒，我一生下地，阿爸以爲我將來會討飯，所以才取了這個林乞食名字。要不是臺灣光復，實行土地改革，我那有那麽多土地？要不是銀行貸款，協助工商界，我們又怎麽會發大財？現在你們吃飽了，喝足了，住別墅、住大廈，你們可曾想到當年我住過茅屋？你們以爲這份家當是從天上掉下來的？有福給你們享還不安份，居然要改我的名字？我那一點辱沒了你們？你們這些不肖的畜牲……」

「喲！林老伯罵得太厲害了！」許文端怯怯地說。

「我阿伯一生正直，最恨人家忘本。」阿土說。

「後來名字改了沒有？」劉九初問。

「誰敢改？」阿土神氣地說：「提也沒有人敢再提！我堂弟還連帶挨了一頓罵，罵他沒有好好管教。」

林乞食一直在凝神靜氣地打他的太極拳，沒有聽見他侄子阿土的話，阿土看看他的太極拳也快打完了，也關起他的話匣子。

林乞食打完拳，拉下腰間的毛巾在頭上臉上擦了一把，走過來揹起背包，撿起那根打蛇棍子，在半空中揮了幾圈，大聲地對林阿土他們說：

「走，我們上向天山！」

他昂首挺胸，一馬當先，大家乖乖地跟着他走。

劉九初、許文端也跟在他後面走。

林乞食不但是人瑞，也成了龍頭。大家跟在他後面走都充滿了信心和安全感，不怕迷路。

（原載六十八年十一月十七、十八日中央日報副刊）

春酒

許敬之突然接到達仁的請帖，他不知道是怎麼一回事？他是一個不愛交遊的人，他和劉達仁雖然是四十多年的老同學，但由於各人忙各人的事，隔行如隔山，平時很少有機會見面，去年和劉達仁匆匆見了一面，劉達仁提議說：

「明年我們畢業四十週年，在台北的同學不少，應該聚一聚才是。」

「好啊，你交遊廣，聯繫多，你籌備一下，到時候我一定參加。」許敬之回答。

可是事隔一年，毫無動靜，許敬之也幾乎把這件事忘了。今天突然接到這份請帖，壓根兒沒有提到畢業四十週年的事，也不是嫁女兒，娶媳婦，究竟是怎麼回事呢？

「莫非做壽吧？」許敬之心想：「對了，達仁和我同年，今年六十歲，中國人重視花甲，大概他也不能免俗？」

上個月他還吃過一位同學的花甲壽酒，他想準是這件事。

第二天晚上，他又突然接到劉達仁的電話，以前他家裡沒有裝電話，劉達仁從未打過電話找他。所以許敬之一開頭還聽不出來，劉達仁幾乎生氣地說：

「我是達仁呀！你怎麼聽不出來？」

「哎呀！眞抱歉！我眞沒有想到是你！喂，你什麼事請客？」

「什麼事都沒有，」劉達仁回答：「明天立春，我請老同學喝杯水酒，大家聚一聚，隨便聊聊，你和太太一道來好了，我和她是本家嘛！」

不錯，許敬之的太太和劉達仁五百年前是一家。三十多年前，還是劉達仁鼓勵他結婚的。結婚以前劉達仁見過她一面，來台灣以後三十年也只見過一面。許敬之不但自己不愛交遊，他太太又是一千多度的近視眼，認不清人，他怕別人誤會他太太架子大，徒然得罪人，所以他們兩人很少一道參加社交活動。因此他婉謝了。

「沒有關係，」劉達仁說：「都是幾十年的老同學，我請大家都攜眷參加。」

「你請了幾十桌？」許敬之笑着問他。

「只請三桌，」劉達仁回答：「都是十四大隊的好同學，只有一兩位老大哥。」

許敬之心想，三桌只能坐三十位客人，如果大家都攜眷參加，那來的同學就更少了，因此他說：

「到時候我單刀赴會，你還是多邀幾位同學吧！大家長久不見面，也好談談。」

劉達仁也不再勉強，就這樣一言爲定。

許敬之掛好電話，不免有點感慨，當年大家同生死共患難時，不過是二十來歲的小伙子，他和劉達仁最小，才十八九歲，想不到一眨眼，他們兩人也到了花甲之年了。想起當年氣吞河嶽的雄心壯志，和今天彼此的情況，他又不禁啞然失笑。別人他不大清楚，劉達仁的情況他是知道一點的。

十年前，劉達仁脫下軍服，自然也卸下肩上三朵梅花，一切從頭幹起。因爲有一位親戚是娛樂圈中的大亨，他便跟着他做影片生意。想不到天有不測風雲，沒有多久，那位大亨親戚坐飛機摔得粉身碎骨，他不得不獨自闖蕩江湖，總算他頭腦不笨，又有當年赤脚草鞋的抗戰精神，終於在那個花花世界站住了脚，聽說現在很有幾文，不然那有錢請客？他許敬之就請不起。

許敬之想想自己，對過去四十年作了一秒鐘的回顧，往事便像二十六吋彩色電視機的畫面一般清楚，他輕唉了一聲，淡然一笑，自言自語：

「能夠活到現在就算不錯了！」

沒想到這句話話被太太聽見，她抓住機會「幽他一默」：

「老頭子，怎麽洩氣了？當年你不是心比天高？眼珠子長在腦売頂上嗎？我跟你吃黃蓮吃了快四十年，你這一洩氣我還有希望跌進金銀窖嗎？」

「別急，我壽長得很呢？」許敬之自我解嘲地說。

「老頭子，縱然你眞能活一百歲，我可沒有那麽長的命哪！」

「向閻王請個長假不就得了？」他向太太打趣，以減輕自己的內疚。

「我能活到現在就算很有耐性了，還向閻王請長假呢！」太太白他一眼，依稀還有花樣年華時那麽一滴滴嬌媚。

「那我老着臉皮代你請好了。」許敬之笑着討好。

他太太不再搭腔，他反而覺得有一份落寞，獨自走進小書房放言菊朋的「秦瓊賣馬」。他藏了不少名角兒的唱片，一聽起平劇唱片，他就是全世界最快樂的王子了。他欣賞平劇的水準很高，他不但看過梅蘭芳、馬連良、麒麟童……等名角兒登台獻藝，而且能夠仔細區分他們的優劣高下，從台步、水袖、尖團音，乃至眼神、道白的氣韻等等。除了種花之外，聽平劇就是他最大的生活享受了。

第二天下午六時三十分，他準時到達五福樓，劉達仁的太太女兒都在客人中間周旋，她們打扮得很恰當，他的大女兒穿了旗袍，現在很少年輕的女孩子肯穿旗袍，因此很搶眼。小女兒却穿了一身牛仔裝。

許敬之不認識她們，劉達仁連忙過來介紹，但許敬之連忙對他說：「我認出來了！四十年前我看過大嫂的照片，那時你們還沒有結婚。」

「你怎麽記得這些陳年爛賬？」劉達仁笑着對許敬之說。他穿着藍色短棉襖，沒有一點拘束，很有江浙商人那份瀟洒，不像當年穿軍服時那麽嚴肅、英俊。

「大嫂的輪廓一點沒有改變，你不記得當年你偸偸地把『表姐』的照片給我看時那份得意嗎？」許敬之連忙補充：「那時我連影子都沒有呢！」

「得了，得了！現在我們都是祖字輩的人了，虧你還有這份雅興？」劉達仁笑着介紹兩位女兒，要她們叫「許伯伯。」小女兒特別像劉達仁，與四十年前的劉達仁幾乎是拷貝下來的。許敬之又彷彿回到當年那段錦繡年華却是同生死共患難的歲月。

四十年不是一個很短的時光，當年他們這些打赤脚穿草鞋的「少年子弟」如今眞的是「江湖老」了。有的同學許敬之一直沒有見過面，少數幾位也只十年八年見一次，大家都不是當年模樣，有的滿頭白髮，滿腹風霜；有的大腹便便；有的瘦得像猴子；有的戴着深度眼鏡，活像小老頭，那有當年生龍活虎的氣慨？如果是在別的場合碰見，絕對不會認識。許敬之經過一番打量，又加劉達仁在旁穿挿介紹，才恍然大悟，用力握着他們的手猛搖。但是有兩位同學他一點印象都沒有，因爲這兩位同學沒有和他同隊。劉達仁特別指着一位高個子，穿皮夾克的同學對他說：

「這是我們同學當中唯一的將軍，我和你提到過的梁文龍同學。」

許敬之還記得這個名字，去年劉達仁和他見面時說梁文龍升了中將，頗以這位同學爲榮。

劉達仁隨即指着梁文龍旁邊的矮胖子對許敬之說：

「這位是前期學長李一鳴兄，也是我的老同事。」

然後他不慌不忙地指着許敬之對他們兩位說：

「剛才我介紹許敬之同學，你們兩位也許沒有特殊印象，現在我告訴你們兩位，他就是小說家乾陽。」

他們兩人同時哦了一聲，又和許敬之握手。說了一些「久仰」的話，矮胖子還責怪劉達仁說：

「我是許同學三十年的忠實讀者，你怎麽早不介紹我認識？」

「他這人有個怪毛病，」劉達仁故意賣關子：「我想花錢買他這個名也買不到，他却在老同學面前提也不願提，彷彿丟了他祖宗八代的人似的？」

「嘿！」站在許敬之後面的柳九初搶上前說：「他寫文章的事我最淸楚。當年我們兩人站雙崗衞兵時，他就偸偸地用馬糞紙寫詩。不過說良心話，我也是到現在才知道他就是乾陽，該不是冒名頂替的吧？」

柳九初故意望着許敬之傻笑。

「你別胡說八道，」劉達仁笑着罵柳九初：「只有別人冒他的名騙財騙色，他是行不更名，坐不改姓的，他怎麼會冒別人的名？」

「你怎麼說都行，」許敬之望着柳九初一笑：「我還是當年的許敬之。」

「提起當年我們可是寶一對。」柳九初越說越起勁：「眞缺德！每次我們總輪到晚上二至四的衞兵，我老是睜不開眼睛，抱着槍打瞌睡，戴區隊長老是整我！」

柳九初說到這裡，許敬之突然嗤的一聲笑了起來。大家不知道他爲什麼發笑？都好奇地望着他。劉達仁也笑着問他：

「你想起了什麼好故事？又可以寫小說了？」

許敬之笑了半天才忍住，隨後慢吞吞地說：

「故事是這樣的：一個臘月天的晚上，伸手不見五指，我們兩人又輪到二至四的衞兵，彼此相隔十五步，誰也看不見誰。這天晚上是戴區隊長的值星官，他又來巡查，悄悄地走到我面前，用手電筒向我一照，看我兩手端着步槍，點點頭，隨即命令我不准作聲，又像貓一樣地悄悄地去查柳九初了。」

「這有什麼好笑的？」劉達仁不禁失笑地說。

「你聽他自己講吧？」許敬之指指柳九初說。

「到底是怎麼回事？」大家都問柳九初。

「也是活該戴區隊長倒楣！」柳九初笑着說：「不知怎麼的，這天晚上我的精神特別好，瞌睡蟲跑到九霄雲外去了。當我看到手電一閃時，我就猜到是他老兄來了。」

「因此你抖擻精神，站得筆挺是不是？」老實的張祖祐說。

「才不呢！」柳九初笑嘻嘻地說。

「你還能搞什麼鬼？」劉達仁撇撇嘴說。

「我打瞌睡該可以吧！」柳九初故意賣個關子。

「你不怕他罰你打掃厠所和二至四的衞兵？」張祖祐說。

「這次可該我整他了！」柳九初得意地一笑。

「你怎麼個整法？」劉達仁問。

「我靠着大榕樹抱着步槍打呼。」柳九初慢條斯理地回答。

「眞叫做鬼打牆了！」劉達仁鼻子裡嗤了一聲。

「你別急，好戲在後頭呢！」許敬之揷嘴。

「狗嘴裡吐不出象牙，還有什麽好戲？」劉達仁不信。

「戴區隊長一步步走近，我的鼾聲也一聲比一聲大。」柳九初說。

「我在老遠都聽見了。」許敬之說：「我眞替他擔心。後來我聽見哎喲一聲，救命呀！我連忙端着槍衝了過去。」

「到底發生了什麽事？」大家都搶着問。

「還是讓他自己講吧！」許敬之又把皮球踢給柳九初。

「首先，他輕輕地抽我手裡的步槍，」柳九初一面講一面比劃。「等他抽到一半時，我然倒轉槍托朝他下巴上一擊，再一個墊步反手用槍身把他格倒在地，然後用脚踏住他的胸口……」

「好傢伙！你怎麽對他來這個殺手？」劉達仁又欣賞又責怪地說。

「我實在是憋了一肚子氣，平時他整得我好苦，我好不容易逮到一個機會，自然要報復、報復！」柳九初得意地說。

「我趕到時戴區隊長還躺在地上，我連忙把他拉起來，他暴跳如雷，嘴裡結結巴巴地對九初說：你毆打長官，明天我先打爛你的屁股，再軍法從事……」

「這個禍可闖大了，你怎麼辦？」劉達仁問柳九初。

「我才不在乎！我早就想好了對策！」柳九初不慌不忙地說：「我對他說：你平時對我們說：槍是軍人的第二生命。我以爲是土匪來奪我的槍，沒有想到是你。報告值星官，我這是正當自衞，請值星官原諒。」

「戴區隊長怔了一下，我連忙替九初解圍，我請戴區隊長罰九初打掃廁所，二至四的衞兵，可千萬別打屁股。」許敬之說。

「他那個騾子脾氣怎麼肯答應？」劉達仁說。

「你忘記了我們剛入伍時他打趙念祖的屁股的事？」許敬之反問劉達仁。

「那怎麼會忘記？」劉達仁說。

「結果他還不是挨了大隊長一頓訓？」柳九初說：「大隊長說帶學生不能像帶兵，他把我們當大兵那怎樣行？」

「他是教導總隊出身的，帶兵嚴得很！」劉達仁說。

「的確，戴區隊長是受過德式教育訓練的標準軍人。」梁文龍說：「他參加過首都保衞戰，和日本人拚過刺刀，在下關突圍時只憑一塊小木板横渡長江，在浦口一上岸，人就凍僵了。九死一生，沿途討飯逃到武漢，找到了老長官，這才復職。」

「我感到遺憾的倒不是這件事，」柳九初說：「他抗戰時立過不少汗馬功勞，像蘭封之戰，長沙第二次、第三次大戰，衡陽保衛戰，他都參加了，而且負過兩次傷，後來他在鄂西還打過大勝仗。」

「他實在是一位不怕死、肯拚命的標準軍人。」梁文龍插嘴。

「可是後來他被共產黨活埋了！」柳九初不再笑嘻嘻。「我聽到這個消息，難過了好幾天，好像欠了他一筆永遠無法還的債！」

「畢業後便沒有碰見過他？」劉達仁問。

「要是碰見過他那就好了，」柳九次遺憾地說：「那次事件我實在對不起他，不怪他太嚴，只怪我太吊兒郎當。等我下部隊以後，我一直後悔，可就是天涯海角，一直碰不到他，不然我要請他打打牙祭，當面道歉才是。」

「誰教你當年那麽吊兒郎當？現在後悔已經遲了。」許敬之說。

「人眞不能做虧心事！」柳九初說：「當時我年輕，氣量太小，整他也整得太厲害了。」

「那次你不但沒有受處罰，大隊長還嘉奬你勇敢機智，說是教育成功，當作衞兵典範呢？」許敬之說。

「眞是歪打正着，」柳九初笑了起來：「因此我心裏更加內疚。」

「唉！時間過得眞快！」劉達仁搖頭一笑：「少年荒唐事，一眨眼就四十年了！」

「可不是？現在我們幾個人都做祖父了。」柳九初又快樂起來。

「我們隊上還有一位同學，你們記不記得？」許敬之忽然問大家。

「誰？」大家搶着問。

「李一鳴？」

有的說記得，有的說連一點影子都沒有。劉達仁突然想起來說：

「是不是七分隊的那位黑皮黑臉，不大講話的李一鳴？」

「正是他！」許敬之點點頭。

「他怎麽了？」大家問。

「勝利後我在南京碰見他。」許敬之說：「那時他剛從日本憲兵隊出來不久。」

「他怎麽會進日本憲兵隊？」大家七嘴八舌。

「民國三十二年他奉派到敵後工作，起先很順利，得到不少軍事情報。」

「他不聲不響，十分沉着，很適於幹這種工作。」劉達仁說。

「可是後來被日本人的狗腿子出賣了。」許敬之說。

「那可夠他受了！」

「可不是？」許敬之嘆口氣說：「大雪天赤身露體坐冰板凳……」

「那怎麽受得了？」柳九初睜大眼睛問。

「還有更難受的呢！」許敬之說。

「日本憲兵使出什麽毒招？」柳九初問：「該不像當年我整戴區隊吧？」

「你那點雕蟲小技算得了什麽？」許敬之白他一眼。

「你快說嘛！」柳九初急了起來：「別賣關子好不好？」

「日本憲兵拔掉了他所有的手指甲和滿口牙齒。」

大家哟了一聲，又駡了日本憲兵幾句。

「可是他自己反而若無其事！」許敬之說：「如果不是我當時緊迫釘人地追問，他還不肯講，他眞是一條硬漢。」

「後來他又怎樣了？」大家追問。

「不幸得很！」許敬之的聲音大了起來：「三十八年他在自己的家鄉南縣被共產黨活埋了！」

大家鴉雀無聲。過了一會劉達仁又問：

「你是怎麽知道的？」

「眞是無巧不成書，」許敬之流水似地說下去：「三十八年春天，我應邀到湘鄂贛綏靖區司令部工作，想不到李一鳴先在那裏，他擔任參二的策劃工作，後來兵敗如山倒，他不幸被俘，解回家鄉公審，他父親是當地的仕紳，父子兩人一道被活埋了。」

「你怎麽知道得這麽詳細？」劉達仁問許敬之。

「是一位逃出來的同事親口告訴我的。」

大家一陣欷歔，劉達仁的兩位女兒彷彿聽天方夜譚，大女兒忍不住對許敬之說：

「許伯伯，想不到你們這些叔叔伯伯有這麽多出生入死的遭遇？眞看不出來！」

「我們打爛仗的故事還多得很呢！」柳九初笑着對她說：「你爸爸沒有對妳講過？」

「我爸爸從來不跟我講過去的事！」劉達仁的大女兒故意白劉達仁一眼。

「妳爸爸也是湯裏火裏都去過，他也有不少故事。」柳九初說。「妳要妳爸爸自己說吧！」

「好漢不提當年勇，我現在是十足的老百姓，還有什麽好說的？」劉達仁淡然一笑，又吩咐大女兒說：「妳和妹妹照顧諸位伯伯入席，等會大家邊吃邊談，還夠妳聽的。」

於是他和兩位女兒照顧男客入座，他太太照顧女客入座。

坐定之後，大家又說笑起來，隨即上菜，一來就是四個冷盤：鷄肫肝、海蜇皮、腰果、冷凍羊肉片。大家一看冷盤就這麼豐盛，又感慨起來，柳九初說：

「想當年我們八個人蹲在地上，圍着一個清湯寡水的洋鐵菜盒，每人還沒有挾兩筷子就完了，每頓不是煮白菜就是煮蘿蔔，那見過這種冷盤？」

「連添八寶飯也要打衝鋒。」劉達仁說。

「爸爸，什麼是八寶飯？」劉達仁的大女兒問他。

「好吃得很，你們在台灣生長的人沒有吃過。」劉達仁故意逗她。

「爸爸，是不是我們等會要吃的蓮子、紅棗加冰糖的甜飯？」她的小女兒又問。

柳九初哈哈大笑起來，邊笑邊說：

「要是有這樣好吃的飯，我一頓最少要吃一大臉盆，也不會去搶鍋巴了！」

「對了，你提起搶鍋巴，我又想起一件事來。」許敬之插嘴。

「什麼事？」劉達仁問。

「彭儀和高德威兩人爲了搶伙伕鍋鏟上那塊黃鍋巴，抓起圓鍬和十字鎬打生死架的事，你還記不記得？」許敬之問劉達仁。

「怎麼不記得？」劉達仁吃了一塊羊肉，連忙嚼了幾口：「那次差點出了人命！」

「他們兩位一個是拗相公，一個是吃了豹子膽，都是天不怕，地不怕，誰也不服誰的傢伙。」柳九初插嘴。

「要不是值星官及時趕到，一定有一個人腦袋開花。」劉達仁說。

「爲了一塊鍋巴拚命，太不值得。」劉達仁的小女兒插嘴：「小籠包子不是比鍋巴好吃多了？爲什麼不去吃小籠包子？」

「哎喲，我的好侄女兒！連鍋巴都搶不到手，那來的小籠包子？」柳九初摸摸她的頭說。

「柳伯伯，你們就那麼可憐嗎？」她歪着頭望着柳九初。

「連砂子、稗子、稻子混在一起的八寶飯都吃不飽，還想吃小籠包子，妳簡直不知天高地厚！」劉達仁訓了女兒兩句。

「她們在台灣風不吹，雨不打，吃蓬萊米長大，怎麼知道當年我們抗戰是怎麼抗的？」柳九初打圓場：「這不能怪她。」

「你們這一代太幸運了，」許敬之對劉達仁的兩位女兒說，「當年我和你爸爸蓋一條軍毯過冬，冷得發抖，冬天還穿草鞋，脚都生了凍瘡，身上也生滿了蝨子，你們做夢也想不到。」

劉達仁的小女兒聽許敬之說身上生蝨子，先是哎呀一聲，隨後掩着嘴嗤嗤地笑起來，劉達仁馬上對她說：

「妳傻笑什麼？許伯伯講的句句都是實話。妳平時在家裏吃得好，穿得暖，剛買的長統皮靴又嫌它落伍了，還想坐太空船上月球去玩，簡直該打！」劉達仁望着小女兒又好氣又好笑。

「爸爸，我已經夠土了，你還欠我一張到舊金山的來回機票呢！」小女兒撒嬌地說。

「卡特出賣了我們，妳還到美國去幹什麼？」劉達仁正色地說。

大女兒到底大兩歲，比妹妹成熟。她打量了許多伯伯一眼，又盯了許敬之半天，然後才說：

「許伯伯，看你這麼斯斯文文，我眞想不到你也當過軍人，吃過那種苦，而且身上還長蝨子？」

「當年他和我們一樣，不但生蝨子，還長疥瘡，而且差點死掉！」柳九初說。

「那次長途行軍之後，每一中隊都死了好幾位同學，總算他命大，閻王不敢收。」劉達仁說。

「談起行軍，我又想起他這位寶貝出洋相的事了！」許敬之拍拍柳九初的背說。

「說也缺德！」劉達仁接腔：「冬天我們凍得要死，上面不發棉大衣，等到立夏都過了，開始行軍時却把棉大衣發下來，要我們揹着走，每人身上像揹床大棉被，還有槍枝子彈乾糧，一人身上幾十公斤，還要爬山，怎麽走得動？」

「所以我不得不把棉花扯出來。」柳九初理直氣壯地說。

「有一次夜行軍，休息後他賴在地上不肯起來，像死猪一樣，分隊長替他揹槍，他還是不起來，我替他揹水壺乾糧，他仍然躺在地上不動。可是一聽到山頭幾聲槍響，就一個鯉魚挺身，跳了起來。」許敬之說。

「膽小鬼！」大家都笑着罵他。

「你們也不是不知道湘西的土匪厲害？」柳九初自我解嘲：「人家一整營正規部隊被繳了械，何況我們這些訓練用的撥火棍？我不走難道被他們活捉不成？」

大家談起那次長途行軍，越談越有趣，越談越親切，又彷彿回到四十年前了。

「頭天強行軍走了一百二十里，晚上又接着夜行軍，實在吃不消。」劉達仁說。

「我是邊走邊打瞌睡，眼睛都睜不開。」柳九初說。

「我也是一樣。」一向不大愛說話的張祖祐說。

「這我就不相信了！打瞌睡時怎麽會走路？」劉達仁的小女兒插嘴。

「這就叫做行屍走肉呀！」柳九初說。

「不經一事，不長一智，妳不了解的事還多得很呢！」劉達仁對大女兒說。

「啊喲，要是我生在那個時代，過你們那種生活，我眞不想活了。」她撇撇小嘴說。

「小姐，船到橋頭自然直。」柳九初笑嘻嘻地對她說：「當年我們也是公子哥兒，誰想到日本人會打來？害我們吃那種苦，還斷送了我們一輩子幸福。」

「我們的上一輩比我們享福，下一輩比我們更好，只有我們這一代，吃不了的苦還要兜着走。」許敬之說。

「看樣子我們還得揹十字架。」劉達仁說。

「只要動員令一下，徵召我入伍，我照幹不誤。」瘦得像猴子的周繼武說。

「我看你風都吹得倒。還能再動槍？」柳九初打量他說。

「你別看扁了我，」周繼武向來不服輸。「我天天打太極拳，練瑜珈術和合氣道，以前我是硬骨頭，現在可一身柔軟如綿了，我的小腿可以架到後頸窩上，你能不能辦到？」

「喲！看不出來你六十出頭了，還有這一手？」柳九初笑嘻嘻地說。

「我的女朋友更是空手道、合氣道的高手，她一下可以摔倒十幾個大男人，不信，那天讓你見識見識。」周繼武得意地說。

「繼武，說眞格的，我倒眞想向她請教請教。」許敬之說。

「怎麼？你對此道也有興趣？」周繼武打量許敬之。

「不瞞你說，學太極拳我倒拜過兩位名師，其中一位是九十幾歲的高人，他還教過我隔空點穴呢！」許敬之說。

「唷！敬之，」劉達仁在他背上一拍：「想不到你還練武？」

「可惜沒有時間專心練，因此不能到西天。」許敬之遺憾地說。

「眞有人會那種點穴功夫？」周繼武好奇地問。

「一點不假。」許敬之回答。

「那是怎麼練法？」

「完全是一種運用體內電能陰陽合一的功夫，是非常合乎生理學和科學的原理原則，一點不玄。」許敬之說。

「嚇？」周繼武歪着頭打量許敬之。「以前我還沒有聽說過。」

「本來這是不傳之秘。」

「那他爲什麼肯教你？」

「緣份，任何事都靠緣份。」許敬之說。「可惜我與筆桿早結下不解之緣，又要靠筆桿維生，因此不能兩全。」

「如果你文武兩全，那還得了？」劉達仁望着許敬之說。

「那也沒有什麽不得了，」許敬之說：「其實習武最重品德，而習武又比寫文章艱苦，所以很多上乘武功都漸漸失傳。」

「許伯伯，你的話聽起來眞新鮮，你爲什麽不寫武俠小說呢？」劉達仁的小女兒說。

「那是騙你們小孩子的文字遊戲。」許敬之回她一笑。

「才不呢！」她嘟起小嘴：「聽說很多大人物都愛看武俠小說的！」

「我的好姪女兒，許伯伯不能因爲別人愛看什麽就寫什麽呀？」

「那你還想賺大錢嗎？」她撇撇嘴說。

「許伯伯本來就沒有想靠寫文章賺大錢呀！」許敬之又向她一笑。

「許伯伯，我眞想不透你們這一代人是什麽怪腦筋？」她又補上一句。

「你不懂的事還多呢！」劉達仁慈愛地白她一眼：「少在許伯伯面前多嘴，小心笑掉了許伯伯的大牙。」

「讓她講講有什麽關係呢？」許敬之對劉達仁說：「如果她不講我知道她的小腦袋裡想些什麽呢？」

「許伯伯，我也想問你一句話？」劉達仁的大女兒插嘴。

「好，你問吧？」許敬之點點頭。

「你怎麽不多寫我們年輕的這一代呢？」

「我不大了解你們哪！」

「許伯伯，我告訴你好了！」劉達仁的小女兒心直口快地說。

「我洗耳恭聽。」許敬之望着她。

「很簡單，我們喜歡玩樂，好新鮮，愛熱鬧，愛扭扭舞、搖滾樂，我更愛湯姆瓊斯……」

許敬之不等她說完就笑了起來。她有點不高興，嘟着嘴說：

「這有什麽好笑的？」

「我的好姪女兒，我不是笑妳。」許敬之連忙安慰她。

「那你笑誰？」

「我也不笑誰，我只想問問你，除了扭扭舞、搖滾樂、湯姆瓊斯之外，你腦筋裡還有沒有別的東西？」

「有，」劉達仁的大女兒代妹妹回答：「先是迷你裙，後來又迷地，現在又是長統馬靴了！」

「連長統馬靴她也厭了！」劉達仁白了小女兒一眼：「我眞不知道她的腦袋瓜子現在又想些什麼？」

「我什麼也沒有想！」她嘟起小嘴說。

「她腦袋裡是一片空白。」劉達仁的大女兒說。

劉達仁的小女兒瞪了姐姐一眼，她顯然在生氣。許敬之摸摸她的頭，安慰她說：

「如果你生活裡只有迷你、迷地、扭扭舞、搖滾樂、湯姆瓊斯，那我就沒有什麼好寫了。我已經六十多歲的人，你發瘋，我可不能跟着你發瘋呀？是不是？」

「許伯伯，其實別人不完全跟她一樣，」大小姐說：「有頭腦的年輕人多的是呢！這次參加愛國示威遊行的青年人不就是很好的例子？」

「對！」許敬之猛力把頭一點：「這就和當年我們這一代的青年人一樣。你爸爸、我、還有在座的這些伯伯，我們都是過來人，可惜現在我們年紀大了。」

「敬之，我覺得你應該把我們這些羅漢當年參加抗日的故事好好地寫一部長篇小說，留給後人看看，不然我們一死，什麼都完了！」劉達仁忽然提議。

「我寫了。」許敬之回答。

「我怎麼沒有看到。」

「說來話長，」許敬之感慨地說：「當年我計劃寫一百萬字，後來因爲生活發生問題，先把第一部三十多萬字出版了。」

「既然出版了怎麼看不到？」

「恰好遇上意識流、存在主義的作品大行其道，加之出版社沒有錢作廣告，後來又垮了，所以等於白出。」

「什麼是意識流？存在主義？聽來倒新鮮的？」劉達仁喝了一口酒說。

「這叫我怎麼說呢？」許敬之抓抓後腦殼，他知道這些老同學都不是搞文學的，非三言兩語所能解釋。突然，他想起當年有位患羊癇瘋的同學，發病的時候身體發抖，眼睛翻白，口吐白沫，倒在地上，好半天才能甦醒過來，因此他問劉達仁：「你還記不記得當年我們隊上有一位發羊癇瘋的李達三同學嗎？」

「怎麼不記得？」劉達仁說：「他跟我同分隊！」

「你還記不記得他發羊癇瘋的樣子？」

劉達仁點點頭。

「那你就叫它羊癇瘋好了。」許敬之向劉達仁一笑。「不過白沫裡面還有紅沫。」

菜一道道上來，豐盛得很，大家望着那麼好的菜都是淺嘗即止，尤其是肥的甜的都不敢下筷子。許敬之調侃柳九初說：

「當年你不是最饞最愛吃肥肉的嗎？現在怎麽斯文起來了。」

「要是當年，這一桌菜我一頓就可掃光！」柳九初望着桌上的菜，摸摸肚皮說：「現在肚子大了，腰桿粗了，不敢再貪嘴。」

「當年沒有得吃，個個吃得下一隻老母猪；現在我請得起你們，又不敢吃，眞是彆扭。」劉達仁說。

「現在家家天天過年，已經營養過度，像我們這種年齡的人，不是高血壓，就是糖尿病，誰還敢多吃？」柳九初說。

「我們年紀大的人不敢多吃還有點道理，」劉達仁指指兩位女兒說：「像她們兩個小鬼，爲了好看，也情願餓肚子，眞不值得。」

「爸爸，你也不看看你自己像個大汽油桶了，還不節食？」小女兒望着劉達仁的圓滾滾的體型皺着眉頭笑。

「爸爸又不談戀愛，還怕發胖？」劉達仁故意輕輕地說：「只要妳媽媽不把我掃地出門就行了。」

劉達仁逗得大家大笑起來。她小女兒在他背上打鼓㨾地直搥。他背上起碼有三四寸的厚肉，又穿着短棉襖，他一點也不在乎。

半天不講一句話的張祖祐乘大家高興時忽然發問：

「你們還記得吳中行同學嗎？」

「記得，他現在在那裡？」許敬之接腔。

「就在附近。他很慘，半身不遂。」張祖祐回答。

「他結婚沒有？」許敬之問。

「還是個老光桿。」你問這個幹什麼？

「說來話長。」許敬之說：「二十多年前，他愛上了一位女孩子，女方家長不同意，他帶着那位小姐到處躲藏，曾經在我家裡躲了好幾天，她父親已經告到總部，又在眷村到處找，他們在我家裡躲不住，吳中行又用脚踏車把她載走了，以後我就不知道他的下落。」

「他的女朋友倒不少，想不到還有這段故事？」劉達仁說。

「他是游泳好手，在脚踏車上可以倒豎蜻蜓，他怎麽會半身不遂？」許敬之奇怪地問。

「單身漢，生活不大正常，」張祖祐說：「有天早晨我去看他，發覺他呆呆地坐在床上，嘴角有點歪，講話結結巴巴，我看看不對勁，送他到醫院，醫生說是中風，後來就半身不遂；我又送他到白河榮民之家，他老兄忘不了台北這個花花世界，離開了榮家，住在附近的閣樓上。」

「那他怎麼生活？」許敬之問。

「榮家按月寄一千塊錢給他，其餘的就靠朋友同學接濟。」

「這不是長久辦法。」

「飯後我們去看看他好不好？」張祖祐提議。

大家自然同意。

這是他們四十年來的第一次紀念餐會。而且是劉達仁單獨請的春酒，他告訴大家已經組織了一個財團，經營觀光旅館，已經登好了記，他自任董事長，大家都恭喜他，開玩笑地說：

「你是我們唯一的財神爺！」

「托大家的福，其實我也沒有什麼錢，我是以當年赤脚草鞋的精神在苦幹。過去如此，將來還是一樣。如果我眞的成功了，將來我倒要請敬之替我寫一本書。」劉達仁篤篤實實地說。

「你要我錦上添花？」許敬之笑問。

「不！」劉達仁用力搖頭：「我們幾十年的老同學，你的性格我還不了解？你也不會拍我的馬屁，我是要你寫我怎麽跌倒？怎樣再爬起來？這些年來我打落門牙和血吞的事你們並不清楚，我三天三夜也講不完，所以將來恐怕要麻煩你了？」

「但願那時候我還能動筆！」許敬之說。

「老兵不死，我相信麥克阿瑟的話，也相信你能比他活得更久。」

「多謝你的金言！」許敬之高興地拱手一笑：「我平生無大志，只希望多活幾天。」

「我們都是大難不死，必有後福。」劉達仁舉起酒杯：「來！大家門前清。」

大家都把杯子裡的酒喝光了。菜還剩了許多，甜的八寶飯和扣肉原封未動。

散席後，張祖祐帶大家去看吳中行。

吳中行住在一座四層樓的樓頂，樓梯又窄又陡，四樓更糟，甬道本來很窄，路邊又堆些瓶瓶罐罐、塑膠水桶之類的東西，人只能側着身子走。

吳中行就住在甬道盡頭的小鴿子籠裡，兩個多榻榻米寬的地方擺了一張單人床，一張行軍床，又髒又亂，還有一股臭氣。吳中行就躺在那張單人床上。他看見張祖祐領頭進來，掙扎着坐起，右手彎曲着，張祖祐用力攀他的手指，怎樣都攀不開來。

張祖祐把大家事先預備好的一個紅包交給他，他只會歪着嘴笑，話也講不清楚。見了許敬之也叫不出姓名來。

地方太小，他床邊勉強站了三個人，其他的人都站在甬道上，大家決定把他送回榮民之家，那邊醫藥、照顧、空氣、生活，一切條件都好，對他的健康很有幫助。最後他不得不同意回榮民之家，日期定在元宵節。

許敬之離開吳中行的閣樓回到郊外的家中已經十一點多了，他太太還在等他。許敬之把餐會的情形告訴她，最後還加上一句：

「比起吳中行來，我們是好多了。」

「你怎麼不和劉達仁、梁文龍比？」他太太白他一眼。

「人家騎馬我騎驢，比上不足，比下有餘。」

「你倒會往自己的臉上貼金！」他太太又白他一眼。「你當軍人沒有當出個名堂，寫文章沒有寫出一棟樓房，你好意思？」

「不是我在妳面前吹豬尿泡，達仁說他想花錢買我這個虛名都買不到呢。」許敬之故意逗她。

「他要是肯出五十萬，連你一起賣給他都行。」

「那太便宜了！」許敬之望着他太笑。

「便宜？」他太太兩眼瞪着他說：「五十萬我還是獅子大開口呢！你也不想想你多大年

紀了？人家買你當老太爺？你以爲你還是二十郎當歲？如果他眞的肯要，十五萬塊我也願意賣！」

「那你明天就登一個分類廣告，便宜拍賣好了？」許敬之笑嘻嘻地說。「我累了，麻煩妳遞雙拖鞋來？」

「我眞是倒了八輩子的楣！」她無可奈何地把一雙黃塑膠拖鞋送到他面前。他心裡好笑，連忙偏過頭去，差點笑出聲來。

（原載六十八年三月廿三、四、五日中華日報副刊）

第二春

廖陳鳳英老太太悶悶不樂地躺在床上，前思後想，越想越不是味道，就像一粒種籽，剛剛冒出芽來，一塊大石頭却把它死死地壓住，連氣都吐不出來。想着，想着，不禁掉下淚來。她覺得兒子廖志宏，太不體諒她，太不了解老年人的心理，根本不知道她內心的空虛、寂寞，而那種空虛、寂寞，是說不出來的，也不足爲外人道，宇宙間如果眞有一個通情達理的上帝，她願意跪在祂的脚前，把心掏出來給祂看。可是偏偏沒有這麽一個上帝！起初，她認爲兒子很孝順，把許多天來積壓在心中的話，鼓足了好大的勇氣向兒子透露了一點意思，想不到兒子先是一怔，瞪大眼睛望着她，然後斬釘斷鐵地說了個「不」字。這個「不」字，彷佛一聲炸雷，幾乎把她震昏，她幾乎當場跌倒，那張握在手中的照片，也幾乎掉下來。站在兒子女兒面前，她又羞又愧又委屈，再也說不出第二句話。她噙着眼淚，不聲不響地回到自己房裡。

她女兒美惠也像遭到晴天霹靂一樣，怔在那裏，她想不到母親會說出那樣的話？那應該是十七八歲的少女向父母說的，母親已經六十歲了，怎麼會說出那種話呢？眞是不可思議，她做夢也沒有想到，難怪哥哥要大聲說「不！」

她看哥哥像受了重大的侮辱似的，臉色發靑，身子發抖，兩眼發直，也彷彿遭到雷劈一般。眞的，這一聲炸雷，把他們母、子、女三人都震得魂飛魄散，六神無主。

過了很久，廖志宏才對廖美惠說：

「幸好只有我們三人在場，要是傳出去了，我這張臉往那裡放？」廖志宏指指自己的臉說。

「哥，你放心，不會傳出去的，只有我們三人，連嫂子都不在場，怎麼會傳出去呢？」廖美惠說。

「剛才我太激動，說話鹵莽了一點，妳去安慰阿母一下，也勸勸她打消那個意思，顧顧我們的面子。現在我們有吃有喝，住洋房，坐汽車，一切都不用愁；往年我們吃地瓜，穿破爛，她又年輕，她都守住了，爲什麼現在六十歲了，反而要改嫁呢？」

「眞的，我也想不通，阿母怎麼會有這種想法呢？」廖美惠兩眉深鎖，沉吟起來。「難道眞的是世界變了？什麼事都顚倒起來？」

「尤其是阿母！」廖志宏激動地說：「她對我們一向管教很嚴，她自己更是三從四德，要是在前清，我眞想替她豎一座貞節牌坊！眞想不到，現在她居然要改嫁！」

「小聲一點，不要給別人聽見。」廖美惠把食指壓在嘴唇上，輕輕地說。

「美惠，妳想想看，我們總算替阿母爭氣。我赤手空拳，辛辛苦苦，勤勤懇懇，好不容易爬上今天的地位，在工商界也算有頭有臉的人物；你也幹到國小教務主任，妹夫也當了總經理。照說她老人家苦出頭了，應該心滿意足才是，唉！怎麼會，怎麼會呢？」

「哥，你不要激動，我去好好地勸勸阿母。」廖美惠說。

「妳去吧，母女連心，妳講話也比我方便。阿母要眞有什麼苦處，請她說出來好了；她需要什麼，我會給她買什麼；如果我因事忙，有什麼疏忽不孝的地方，我願意跪在她的面前，請她責罰。但是有一件事也要請她老人家依我：不要再嫁！」

最後四個字廖志宏說得斬釘斷鐵，廖美惠聽了也怔怔地望着他，彷彿肩上頓時加了一千斤的重擔，身子搖了幾搖。

她無可奈何地拖着沉重的步伐，走進母親的房間，輕輕地叫了一聲「阿母」，然後在床沿輕輕坐下。過了一會才說：

「阿母，哥哥叫我來向您老人家道歉，他說剛才他說話太鹵莽了。」

「我不怪他。」廖老太太說，輕輕擦了一下眼淚。

「阿母，您原諒哥哥了？」廖美惠高興起來。

「唉，」廖老太太輕輕嘆口氣：「自己的兒子，還有什麼不能原諒的呢！」

「阿母，您苦了幾十年，現在總算出頭了，我們正想好好地孝順您呢，你老人家能不能打消那個意思？」

廖老太太長長地嘆了一口氣，悠悠地說：

「你們對我已經夠孝順了，可是你們並不了解老年人的心理。」

「阿母，我們還年輕，自然不了解老年人的心理。」廖美惠柔順地說：「您老人家到底有什麼心事？不妨對女兒直說好了？」

「美惠，妳想想看，」廖老太太慢慢坐起來，廖美惠連忙扶着她。「妳哥哥成天忙自己的事業，妳嫂嫂忙著打牌、交際應酬，妳侄兒侄女又住校讀書，家裡只剩下阿珠和我，而且阿珠年輕不懂事，一有空就溜出去玩，這麼大一棟房子，只剩下我老太婆一個人，左鄰右舍又都是美國人，連個談話的人都沒有，縱然吃的是山珍海味，穿的是尼龍羊毛，住的是花園別墅，可是，你們何嘗知道，我心裡是空洞洞的，人也像吊起來的鐘擺，一點也不踏實。」

「阿母，那您老人家到我家去住好了。」廖美惠說。

「到妳家去住？」廖老太太悽涼地一笑：「欽成比妳哥哥還忙，妳又成天釘在學校，外孫也在學校讀書，我還不是一個孤老太婆？」

「阿母，那我辭了職陪您好了。」

「不成，」廖老太太搖搖頭說：「妳好不容易熬到個教務主任，現在人浮於事，找個教員都能比登天還難，妳怎麽能爲我犧牲自己的事業？」

「阿母，我們現在不愁吃，不愁穿，我不做事也無所謂。」

「話不是這麽說，」廖老太太搖搖頭。「年輕人眼光應該望遠一點。天有不測風雲，人有旦夕禍福，未來的事難說的很。教書雖然不是金飯碗，也算得上是鐵飯碗，將來老了，還可以拿一筆退休金，餓不死，不像生意場中起得快，跌得重，何況你們有你們的世界，我不能拖累你們，妨害你們。眞想不到，剛才妳哥哥還沒有等我把話說明白，他就在我頭頂上響起一聲炸雷，眞使我無地自容……」

說着，說着，老太太又不禁流下淚來。

「阿母，哥哥是愛面子的人，」廖美惠輕柔地說：「他也好不容易爬到董事長的地位，在社會上也有頭有臉了，當然他不希望阿母那樣做。」

「我何嘗不愛面子？」廖老太太委屈地說：「當年妳阿爸被日本人拉去當兵，我才二十三歲，我熬了許多年，妳阿爸杳無音信，很多人都勸我改嫁，我並沒有那麼做。」

「阿母，當年您都沒有改嫁，現在又何必改嫁呢？」

「當年你們太小，妳哥哥才三歲，妳剛出世，我有責任把你們養大。要是我改嫁，我又怕後父對你們不好，所以我咬着牙硬撐。妳可知道，半夜三更你們兩兄妹睡得正香正甜的時候，我流過多少眼淚？」

「阿母，小時候我們不懂事，不知道您心裡的苦處。」

「現在你們自己已經生兒育女了，又何曾知道我心裡的苦處？」廖老太太無可奈何地望着女兒。

「阿母，您倒說說看，您是怎麼認識那位王伯伯的？」廖美惠一半同情一半好奇地問。

「告訴妳也不要緊，」廖老太太坦然說：「上個月我遊阿里山，在姊妹潭邊滑了一交，要不是王老先生及時把我拉住，我就回不來了。」

「哎呀！眞該死！」廖美惠在床沿拍了一下：「只怪我們太忙，沒有時間陪您去。幸好那位王伯伯救了您，不然我和哥哥就罪孽深重了。嗨，阿母，這件事您怎麼一直不講？直到今天您才提到那位王伯伯？……」

「我一說到要嫁給他，就像踩了你哥哥的尾巴似的，大叫起來，我還有臉再說下去？」

廖美惠想笑，又笑不出來，停了一會才問：

「阿母，那位王伯伯到底是怎樣的人？」

「好人！」廖老太太有點興奮，聲音突然提高起來。

「阿母，是怎樣的好人呢？」

「他的遭遇也和我差不多。他在大陸上也結過婚，可是不久他就帶着部隊到處打仗，東奔西跑，變成了織女望牛郎。大陸丟掉的時候，他又不能把她帶出來。因此一直打光桿。」

「奇怪？很多大陸來的男人都找藉口結婚了，他怎麼到現在還沒有結婚呢？」廖美惠看到很多五六十歲的大陸男人，娶二十多歲的太太，他爲什麼不結婚呢？她有點想不透。

「他好就好在這裡，」廖老太太微微一笑說：「當初他一直想念他太太，總希望有一天夫妻團圓，所以有好幾次好機會他都放棄了。直到五十多歲，他才打聽出他太太早已被共產黨逼着改嫁了。他很傷心，但他又覺得自己年紀太大，不想再討二十幾歲的小姐，免得害了別人，也害了子女，因此他打定主意不再結婚，因此拖到六十多了還是一個老人。」

「阿母，他既然不想結婚，那您又爲什麼要嫁他呢？」

「這也許就是緣份？」廖老太太禁不住一笑，臉上還有幾分少女的嬌羞。隨後又輕輕地說：「他需要我這個老伴兒。」

「阿母，那你們是一見投緣了？」

「可不是像年輕人一見鍾情，」廖老太太正色地說：「我對王老先生仔細觀察過，也到他家裡去看過，覺得他確實是一個可靠的人。當然，我們彼此的情形，使我們互相了解，這也是一個很重要的原因。」

「阿母，您說王伯伯是個老光桿，那他怎麼又有家呢？」

「他幹了一輩子軍人，難道沒有一文錢的積蓄？」廖老太太反問女兒：「難道不能買個小房子，退役後自己住住？」

「那要看他是什麼階級？」

「上校。」廖老太太說：「哦，聽說退役時還升了一級。」

「阿母，照您這樣說那就是少將了。」

「不管他是上校也好，少將也好，反正他已經退役，我也不在乎這些。他有房子住是實，還有前後院子，哦，他還種了不少花哩，看起來他還是個雅人呢！」

「阿母，您怎麼好意思到他家裡去？」

「他正正派派，誠誠懇懇邀我到他家裡去，我怎麼不能去？」

「阿母，既然他退役了，那他靠什麼生活？」

「他吃終身俸，還在一所私立中學教書，生活倒也過得去。」

「阿母，您對他的情況倒蠻清楚的嘛！」廖美惠一笑。

「我說了他是個正派人，坦白得很，有什麽說什麽，不要半點花腔。」

「阿母，先前那張照片，您給我看看好不好？」

廖老太太遲疑了一下，慢慢從枕頭底下摸出一張四寸照片，遞給女兒。

這是一張半身照片，廖美惠仔細端詳一番，王老先生雖然六十多了，看起來一點也不老。如果照相書上說，是天庭飽滿，地閣方圓，眉秀目長，耳大面方，是個富貴相。而且五官端正，給人一種可以信賴的感覺。看過之後廖美惠忽然感慨地說：

「阿母，說眞的，我不知道阿爸是什麽樣子？如果阿爸像這位王伯伯，我眞高興。」

「唉！」廖老太太悠悠地嘆了一口氣說：「三四十年了，妳阿爸是什麽樣子？連我也記不清楚了！不過我記得他沒有王老先生高大。」

「這位王伯伯大概是北方人吧？」

「不錯，他是河北人。」

「阿母，那我把照片拿給哥哥看看好不好？」

廖老太太不作聲，過了好半天才說了聲「隨妳」，人又躺了下來。

廖美惠把照片送到廖志宏面前，廖志宏掠了一眼，沒有作聲。廖美惠說：

「哥哥，我看這位王伯伯是個君子人，靠得住的。」

「再靠得住，也沒有我們靠得住。」廖志宏說：「何況他年紀大了，又沒有什麽積蓄，阿母豈不是自找苦吃？」

「哥哥，阿母六十歲的人了，她自然有她的打算，我們還是順著她吧！」

「不必說了，我心裡亂得很，」廖志宏向廖美惠搖搖手又看看錶，哦了一聲，就匆匆忙忙往外跑，又回過頭來對妹妹說：「我去開會，妳好好地陪着阿母。」

「哥哥，我也有事啦，我要趕回學校去，我坐你的車子好不好？」廖美惠趕上一步說。

「好吧！」廖志宏無可奈何地回答。

廖美惠回到母親房裡，把照片還給她，十分抱歉地說：

「阿母，眞對不起，哥哥要去公司開會，我也要回學校開校務會議，我不能陪您。王伯伯的事，我會勸勸哥哥，您放心好了。」

廖老太太嘆了一口氣，沒有說什麽。

廖美惠匆匆走了出來，大聲叫下女阿珠，叫了好幾聲，阿珠才過來，她吩咐阿珠說：

「好好地照顧老太太，不要亂跑！」

阿珠嗯了一聲，等他們的車子開走之後，她也把鐵門一鎖，跑到對面的美國人史密斯家裡找下女阿銀玩了，在史密斯家裡有吃不完的罐頭，和史密斯夫婦不要的衣服、用品，阿銀時常分一點給她。阿銀只帶一個四歲的小史密斯，這孩子金黃的黃髮，綠眼睛，雪白的皮膚，頑皮得很，也可愛極了。她們兩人教他說中國話，他也教她們說美國話。阿珠對美國話着了迷，她也想到美國人家裡作下女，或是轉到洋機關去，要是有個美國人愛上了她，她就可以到美國去了。她是非常現代，非常羨慕美國人的。

廖老太太習慣了這種寂寞，她明知阿珠跑到鄰居家去玩了也不叫她，她不願意大聲喊叫，也不願意以主人的身份對待下人。以前有幾個下女因爲媳婦責備了幾句就翹起屁股走了，現在連媳婦也懶得管阿珠，反正她在家的時間很少。

廖老太太一個人前思後想，想起自己的丈夫廖忠良（日名小林一雄），被日本人征兵拉走了到現在整整三十七年，他們過了不到四年的夫妻生活，走時連一張照片都沒有留下，當時的長相現在眞的記不清楚了，偏偏兒子女兒都不像他，不然從他們兩人身上還可以找回失落的記憶。戰時她天天以淚洗面，盼望他回來。想不到戰爭結束，仍然見不到他的影子，日本人說是「失踪」了。

別人死了也有一罎骨灰回來，只有他什麽也沒有。那年山地人李東輝在印尼深山裡被人發現找回來時，她對丈夫還存有一絲希望，但是直到現在仍如石沉大海，一個平地人要想像山地人李東輝那樣倖存回來是不可思議的事，因此戶口上早已沒有廖忠良（小林一雄）這個人了。

上個月在阿里山碰上王其美老先生之後，她既感激他救了她一條命，對他也很有好感，死去了三十四年的青春，彷彿又復活了。王老先生對她彬彬有禮，照顧得又無微不至。他們在山上三天的相處。那種自然親切，就像幾十年的老朋友一般。說來也眞奇怪，無論做什麽事，她心裡所想的幾乎和他所想的不謀而合。他說要吃麵，她也正想吃麵；他要喝清茶，她也想喝清茶，她以前和廖忠良就沒有這種感應，這也許就是古人說的「心心相印」吧！她覺得人與人之間實在奇怪，有的人作了一輩子夫妻，兩人之間好像始終隔了一道牆；有的人一見面，就好像見了幾輩子的知己老友似的，沒有半點隔閡，她和王老先生就是這種情形。可是她回來之後，一直悶在心裡沒有說出來，今天趁媳婦不在家，兒子女兒在一塊時，她鼓起當年跳進滾滾的大甲溪救兒子的勇氣，把埋在心底的話說了出來，結果卻出乎她意料之外，兒子只想到他自己的尊嚴，沒有想到她的寂寞、空虛、痛苦。

她拿起王老先生的照片端詳一番，注視了很久才自言自語地說：

「我們兩人都是黃連命。日本人奪走了我的丈夫，共產黨斷送了你的妻子。現在我們都老了，你像無枝無葉的孟宗竹，我也像光禿禿的老牡丹，沒有人了解我們的犧牲有多大？連我的兒子也只爲了他的面子着想，就不想到我做娘的也是人……」

廖老太太深深地嘆了一口氣，洒了兩點眼淚，又對照片自言自語：

「其實我們只是想做個老伴，彼此有個照顧、安慰。我們已經盡了我們做人的責任，難道最後這一點做人的權利也沒有？那老天爺對我們也太不公平了……」

廖老太太自言自語沒有一個人聽見，大概老天爺也沒有聽見。

阿珠也許是肚子餓了，也許是玩膩了，蹦蹦跳跳地跑回來弄晚飯，其實只有她和廖老太太兩個人吃，簡單得很。當她弄好了之後，走過來叫廖老太太吃飯，廖老太太不想吃，她以爲廖老太太生病了，便自個兒吃，吃完之後，忽然心血來潮打了一個電話給廖志宏：

「喂，董事長嗎？我是阿珠，告訴你，老太太病了。」

「怎麽？老太太病了？」廖志宏急促的聲音傳了過來。

「是，老太太一直躺在床上，不吃飯，不喝水。如果不是有病，怎麽不吃不喝呢？」

廖志宏把電話掛斷，馬上開車子去找中學同學，現在是名內科大夫的胡學文。他知道老太太心裡不痛快，但是上了年紀的人說病就病，他一點也不敢大意。

來到胡學文的診所，胡學文問他：

「伯母是那兒不舒服？」

「我也不知道，」廖志宏搖搖頭：「是下女打電話告訴我的。」

他不好意思把母親的心事告訴胡學文，胡學文也不知道內情，便提着皮包坐他的車子來到廖府。

廖志宏帶胡學文進來看老太太，向前請安，廖老太太本來不打算理會兒子，看見胡學文一道，便勉強坐起來。胡學文問她什麼地方不舒服？她反問廖志宏：

「我沒有生病，是誰叫你請胡先生來的？」

「阿珠打電話告訴我，說阿母生病了，不吃不喝，所以我才麻煩學文走一趟。」

「我只是不想吃飯，誰說我生病來着？」

「伯母，不想吃飯多少會有點毛病，我把把脈好不好？」胡學文雖然是西醫，但他也重視中醫的把脈和針灸。

「對，阿母，要是食慾不好，學文也好開點開胃的藥。」廖志宏說。

「我看你最好給我開點巴拉松好了。」廖老太太對胡學文說。

廖志宏聽了十分尷尬，胡學文却笑着回答：

「伯母，您開玩笑，巴拉松是農藥，有毒的。」

廖志宏站在旁邊哭笑不得。胡學文把過脈後站起來笑着說：

「伯母的健康狀況很好，和四十左右的人差不多，我看什麼藥都不必吃了。」

隨即提着皮包告辭，廖志宏連忙跟了出來，走到客廳十分抱歉地對胡學文說：

「學文，眞對不起，害你寃枉跑一趟。」

胡學文在沙發上坐了下來，打量了廖志宏一眼，慢吞吞地說：

「伯母的身體實在很好，不必擔心。不過情緒不太穩定，不知道是什麼原因？」

「沒有什麼。」廖志宏笑著搖搖頭，不敢直說。

阿珠正端茶過來，冒冒失失地說：

「胡醫生，我知道，老太太想嫁人呢！」

「妳胡說！」廖志宏向阿珠大吼一聲！「還不給我滾出去！」

「是我親耳聽見老太太對董事長說的嘛！怎麼是我胡說？」阿珠得理不讓人，站着不走

廖志宏氣得臉色發靑，不停地對她揮手。阿珠這才撅起嘴，脚步蹬蹬地走開。

廖志宏十分尷尬，胡學文却十分平靜地對他說：

「志宏，何必發這麼大的脾氣呢？我又不是外人？再說，如果阿珠的話是眞的，這也是合情合理的事，並沒有什麼不對？」

「學文，我眞不知道從何說起？阿母今年六十歲了，還談這種事？」

「六十歲並不太老，何況伯母的健康情形很好，比她的實際年齡要好得多。」

「可是你叫我這張臉往那裡放？」廖志宏指指自己臉說。

「志宏，你這就錯了！」胡學文指着廖志宏說：「這是伯母自己的事，怎麼扯到你的臉上來？」

「因爲我是她的兒子呀！」廖志宏幾乎跳了起來。

「你要知道：各人有各人的獨立人格，男女一滿二十歲，婚姻就可以自主，任何人不得干涉，何況伯母已經六十歲了？」

「就是因爲阿母是六十歲，不是二十歲呀！」

「二十歲是人，六十歲也是人哪！」

「可是，說起來不像話呀！」

「這是你的看法，我做醫生的可不這麼想，我認爲這是理所當然的呢！」

「唉！可是一般人的看法和醫生不同呀！」

「那是因爲他們不懂。」

「那些人的話才可怕呀！」

「這是伯母自己的事，任何人也管不了。」

「要是我站在你這種地位，我也會說你這種話。可是，我的地位和你不同呀！」

「志宏兄，不要只爲自己着想，」胡學文拍拍廖志宏的肩說：「你也該爲伯母想想？她把你們兩兄妹養大，付出了多少代價？你知不知道？」

廖志宏茫然地望着胡學文，胡學文的右手在沙發扶手上一拍：

「眼淚最少也流了一缸！」

「這我想得到。」

「現在你們兩兄妹都成家立業了，你知不知道，這是她的青春和幸福換來的？你也該讓她有一點點屬於她自己的生活，你說對不對？」

廖志宏不作聲，過了很久才說：

「我很想孝順她老人家，她跟我們一起生活不是很好嗎？」

「那是兩碼子事，不能混爲一談。老人最怕寂寞，最需要伴侶，這是兒女不能代替的，何況你們都在忙你們自己的事業，根本沒有時間陪她。聽說連她出去玩的時候都是單槍匹馬？」

「一則是她的身體很好，可以照顧自己：二則我們也實在太忙。根本無法分身。」廖志宏向胡學文解釋。

「這就是問題的癥結！」胡學文又在沙發扶手上一拍：「我知道，你現在的環境很好，伯母跟着你們可以過很舒適的物質生活，但是人生不止是穿衣吃飯，還有更重要的一面，那一面在伯母來說，顯然是一個大空白。她已經是六十歲的人了，正是夕陽無限好，可惜近黃昏，這段黃昏晚景，不能讓她一個人獨自徘徊，應該有一個志趣相投的人和她共享，讓她完成人生的最後一章。」

廖志宏聽了胡學文這段話，不禁微微一笑說：

「當初你眞應該學文，不該學醫。」

「我認爲我並沒有學錯，」胡學文連忙接嘴：「如果我不學醫，我未必了解老年人的心理。也許會和你一樣，只知其一——……」

「好了，別罵人了！」廖志宏攔住胡學文的話，問他：「照你看，這件事我應該怎樣處理才面面俱到？」

「別的事我可不清楚，我覺得你應該尊重伯母的意願，替她設身處地想想。」胡學文說。

「可是我的面子？」廖志宏遲疑地說。

「什麼面子？」胡學文生氣地站了起來：「如果不是伯母守了幾十年的寡，辛辛苦苦把你教養成人，你那有今天？如果她二十幾歲改嫁了，你又如何？你能阻止她嗎？」

廖志宏一句話也說不出來，像根大木頭一樣楞在那裡。胡學文又用手在他肩上一拍：

「因爲我們是老同學，所以我才說直話。請你不要見怪，最後我要奉勸你幾句話：天理、國法、人情，三者自然要兼顧，但作任何事都不能抹煞人性！」

胡學文說完之後就走，廖志宏只好開車送他。

他們兩人的談話阿珠聽得清清楚楚，她把鐵門關好之後，連忙過來一五一十告訴廖老太太。廖老太太一面聽一面點頭，慢慢坐了起來。阿珠說完之後還加了幾句評語，剛才廖志宏對她的態度，她心裡很不高興，因此她借題發揮：

「董事長以爲他有錢，別人就應該聽他的，連老太太您也在內；還是胡醫生通人性，他的話才合情合理。」

「阿珠，妳不要怪董事長，他是我的兒子，我清楚他的性格。」廖老太太安撫阿珠。

「他要是再對我不客氣，我馬上走。」阿珠嘟起嘴巴說：「這幾個錢沒有什麼了不起，我到那裡都可以賺。」

「阿珠，請妳看在我的面上，不要想走，留下來和我作伴。」

「老太太，我覺得還是胡醫生的話對，我陪您也不是辦法，我隨時會走的，您應該找個老伴才是。」

廖老太太悠悠地嘆了一口氣，又輕言細語地說：

「本來我也是這個意思，但是董事長不贊成。」

「老太太，要是我自己的事，我就親自作主，那怕是皇帝老子我也不買帳，何況他是您的兒子！」

「阿珠，我不能跟你們年輕人一樣，愛怎麽做就怎麽做，我好不容易看見他們成家立業，我不想爲了這件事傷了我們母子的情感。」

「看董事長回來對您怎麽說？」阿珠賭氣地說：「他要是不同意，明天我就不幹，我可不在乎他！」

「阿珠，還是妳好，什麽都不在乎！」廖老太太笑着摸摸她的頭。

電鈴突然響了起來，阿珠一陣風似地跑出去開門，是廖太太回來了。她也有一部自用轎車，是專門應酬打牌用的。她一面把車子開進車房，一面吩咐阿珠放水洗澡。

沒有多久，廖志宏也回來了。他把母親的意思和胡學文的話都告訴她。

「這怎麽成？你也不想想我們是怎樣的人家？」廖太太連連搖頭。

「我也和妳的意思一樣，可是學文的意思剛好和我們相反，他站在老太太那邊。」廖志宏說。

「美惠的意思怎樣？」廖太太問。

「她同情阿母。」

「董事長，我也同情老太太。」阿珠端着一盤切好的蘋果梨子過來說。

「我們講話妳怎麽插嘴？」廖志宏瞪着她說。

「董事長，我講的是實話。如果你不高興，明天我走好了。」阿珠滿不在乎地說。

廖志宏夫婦兩人都一楞。他們請下女都沒有超過三個月，阿珠算是幹了四五個月了。如果她一走，老太太一個人不是更寂寞？他眞沒想到阿珠會來這一手？

阿珠放下盤子就走了。廖志宏輕輕地問太太：

「妳能不能在家裡陪阿母？」

「你想想你是怎麽爬起來的？你看看我在家裡合不合算？」廖太太反問他。

廖志宏又一楞，他之所以有今天，這位賢內助的功勞可眞不小。往往他辦不通的事，她一出馬就成功了；要她守在家裡那不是自斷財路？

「唉！這件事怎麽擺也擺不平，實在太傷腦筋！」廖志宏十分苦惱地說。

夫妻兩人計議了很久，直到深夜兩點才作決定：接受胡學文的勸告，順從老太太的意願。

第二天廖志宏馬上召開家庭會議，他把廖美惠和她的丈夫許欽成都找來，廖志宏當着母親的面宣佈這個決定，但是希望大家不要張揚。廖志宏抱歉地對母親說：

「阿母，請您原諒，這是不得已的，我會送您五十萬作零用，以後的生活我也負責到底。」

「阿宏，謝謝你這番孝心，」老太太流着淚說：「阿母不是不守婦道、不愛面子的女人，我是實在太寂寞了，需要人作伴，聊聊天……」

「阿母，不要說了，」廖美惠打斷她的話：「女兒瞭解您的心情。」

「不到那個村，不見那家店。你們了解就好！」老太太欣慰地掉下兩滴眼淚。

散會之後，廖志宏馬上專程去台中告訴王其美老先生。王老先生喜出望外，高興地對廖志宏說：

「廖先生，那天在阿里山如果不是令堂失足，差點掉進水裡，也不會發生這件事。」

「多謝王伯伯的援手，不然我眞要抱恨終生了。」廖志宏感激地說。

「不必客氣。」王老先生說：「我想這也許是天意，不然我怎麽會和令堂認識？」

接着兩人商量吉期，決定在星期六下午，由王老先生約三四個好朋友到車站迎接，在家裡擺一桌酒，寫張證書，就算完成大禮。家庭一切應用的東西，像電視機、冰箱、縫紉機、沙發等等，廖志宏全部贈送。只有在這一點上，兩人爭論了很久。王其美說：

「廖先生，你的美意我心領了。我雖然窮，舊電視、破沙發倒是現成的。再說我這個房子也配不上太堂皇的東西。」

「王伯伯，你也不必客氣。」廖志宏說：「我母親爲我犧牲了一輩子的幸福，你也一生戎馬，功在國家，我這點敬意你不能不接受。」

「我可千萬不敢當！」王其美連忙搖手：「如果你是孝敬令堂，那又當別論，自然我不敢置可否。」

廖志宏看他堅持不肯，只好說：

「好，就算孝敬我母親一個人，這總可以吧？」

廖志宏隨即告辭，到街上買好了電視機、冰箱、縫紉機、沙發，要店舖夥計送到王家。回家以後，他把經過情形告訴廖老太太，廖老太太也很高興。

星期六上午廖美惠、許欽成兩夫妻一道來廖家，準備護送老太太去台中。臨走前廖老太太特別把阿珠叫到房裡，塞了她兩千塊錢，囑咐她小心看家，最後悄悄地對她說：

「要是有人問我到那裡去了？妳就說出國旅行去好了，千萬不要說別的事。」

「老太太，這又不是什麼壞事，妳怕什麼？」阿珠滿不在乎地說：「人家外國老太太，七八十歲了還不是照樣結婚？」

「阿珠，那是外國，這是中國。不但董事長不願意張揚，我也不想讓別人知道。」

「好吧！老太太，您放心，連對面的阿銀我也不講。」

「這就是乖孩子，」老太太摸摸阿珠的頭說：「將來妳到了我這個年齡，妳就知道是怎麼回事了。」

「老太太，如果我是您，幾百年前我就嫁了，那會等到現在？」阿珠笑了起來。

廖老太太也無可奈何地一笑。

十點正，廖志宏夫婦開着兩部自用轎車送老太太到台中，許欽成和廖志宏一部，廖太太、廖美惠和老太太一部，在車上，廖美惠把哥哥交給她的一張五十萬元的支票和她自己的十兩金子都塞進老太太的手提包裡，要老太太小心收著，老太太感動得摟着女兒流下淚來。

「阿母，您不要以爲這次出來了就姓王了，我們始終是您的兒女。我們只當您出來作客，隨時都歡迎您回家。」廖美惠說。

廖老太太只是默默地流淚，一句話也說不出來。她想，如果她的丈夫不被日本人拉去當砲灰，王其美的太太如果不被共產黨逼着改嫁了，她和王其美就不必多此一舉了。

車到台中站時，王其美和三位五六十歲的男人正列隊恭候，他笑着對廖志宏說：

「你眞準時。」

廖志宏介紹他太太、妹夫、妹妹和他見面，他也介紹他的朋友和廖志宏他們認識，最後還補充一句：

「他們三位都是和我共生死的患難之交。」

然後他們四人坐着計程車領先走。他的房子在台中近郊，很快就到了。

今天院子裡整理得乾乾淨淨，紅色的杜鵑、茶花正在盛開，洋溢着一片生機和一團喜氣。房子裡也油漆一新，電視機、冰箱、沙發也全是新的。王其美特別對老太太說：

「這都是令郎買給妳的，難得他這一片孝心。」

「王伯伯，今後我們是一家人，不必分什麽彼此了。」廖志宏連忙接腔。

王其美的朋友也大聲附和。

桌上點了一對大紅蠟燭，擺了一張結婚證書，王其美和證婚人都蓋了章，他笑着對老太太說：

「我們不能免俗，妳也蓋個章吧？」

老太太取下手上作圖章用的金戒指，在印泥上按了一下，便在結婚證書自己的姓名下面蓋了章。

王家有兩人打雜，忙上忙下，這兩人是王其美的舊部。

不久，館子裡送來一桌酒席，算算人數，剛好一桌，王其美和老太太坐首席。王其美紅光滿面，聲音洪亮，一點不像六十多歲的人；老太太還沒有一根白髮，頭面稍稍收拾了一下，彷彿還可以尋回三四十年前那一點點青春的影子。

飯後，廖志宏他們要趕回台北，便先告辭。臨走時廖美惠特別對王其美說：

「王伯伯，您可不能虧待我母親啦！不然我隨時接她回去。」

「妳放一百二十個心，我和令堂不是年輕人，我們是知己的老伴兒，我怎麽會虧待她呢？」

「謝謝你，王伯伯，那我也放心了。」廖志宏說：「我相信您照顧我母親比我們更好。」

兒女媳婦女婿告辭時，老太太不禁眼圈一紅，王其美連忙遞給她一塊手絹。

「王伯伯不但是個好人，也是個雅人，他院子裡的花開得眞好。」車子離開台中市後，廖美惠忽然對丈夫說。

「因爲這是春天。」許欽成說。

「在他們兩老說來，這可以算得是他們的第二個春天。」廖太太回過頭來說。

（原載六十五年七月十七至廿一日中華日報副刊）

堂兄啓川

一

祭過祖先，撤走猪頭、雄鷄、鯉魚三牲之後，伯母又端上滿桌的菜。可是一張大八仙桌，只有她和我兩個人，首席空放着一副盌筷，那是留給我堂兄啟川的。自從啟川哥出門之後，每年除夕，伯母都要替他放一副盌筷，虛位以待。

然而啟川哥像是斷了線兒的風箏，越飛越高，越飛越遠，現在簡直不知去向了。

伯母一面夾菜給我，一面注視着燭台上的燭花。她臉上的皺紋彷彿門前的老楊樹皮，五六十年的風霜，二十多年的孀寡，把她磨成了這個樣子。

我不知道她爲什麼時時注視燭花？這也許和她一清早起來就傾聽屋脊上是否有喜鵲叫是同樣的道理？今天早晨她聽見了屋脊上果然有喜鵲叫，高興了一整天。可是，現在桌上半斤重的大紅蠟燭，並沒有爆出雙蕊。望着，望着，她輕輕地嘆息了一聲，頭一低，兩滴老淚掉落在盌裡。

村頭村尾吃團年飯的鞭炮已近尾聲了，不再像熱鍋爆豆子，嘮嘮啪啪，倒像大戰後的冷槍。

「唉，眞是兔兒望月，看樣子你川哥今年又不會回來了。」伯母望着我悵然地說。

「大媽，淸早您不是聽見喜鵲叫嗎？」

「唉，小汀，鳥雀也騙我，喜鵲叫，一場空歡喜；你看，燭花沒有結雙蕊，你川哥不知道在哪裡落脚！這麼急景凋年的。」

我不知道怎麼回答她好。我不知道外面的世界有多大，川哥究竟幹什麼行業？他從學校出去時帶個口信回來說是去投軍，以後寫信回來只提「生意」二字，我實在猜不透他在後方是怎樣謀生的；尤其是這種雪天，家家戶戶關門閉戶過年，一個異鄉人想是夠悽淸的。

滿桌的好菜，伯母吃得很少。我陪她團年，淒淒涼涼的，心裡自然也不太愉快，沒有在自己家裡那麼歡天喜地。伯母的憂愁彷彿又傳染了一點給我。

虛掩著的大門，突然「呀」的一聲，我以爲是誰來「辭歲」，抬眼一望，一個戴着舊毡帽，連頭帶臉罩住，僅僅露出一對大眼睛，身上穿着破襖棉褲的大漢，看來有點像個門神，矗立在兩扇大門的當中。我駭得打了一個寒噤，伯母朝門口一望，他輕輕地叫了一聲：

「娘！」

伯母的身子一晃，連忙擧手揉了揉眼睛，顫着聲音問：

「你，你，你是啟川？」

「是，娘！」他取下舊毡帽，向伯母身邊走過來。

他的頭部完全露了出來。大頭，方臉，大眼睛，大鼻，大嘴巴。不錯，這正是川哥。

伯母的身子向前晃了幾步，她雙手捉住川哥，仰着臉望了他一會，滾出兩顆眼淚。

「你這孩子，走的時候不跟我打個招呼，回來也不先報個信兒，剛才我還和小汀在念你……」伯母喃喃地說。

他抱歉地向伯母咧咧嘴，大手在我頭上一拍：

「嘿，小汀，幾年不見，你快有扁擔高了。」

「這幾年，幸虧有他陪我團個年……」伯母聲音一哽，又滾出兩滴眼淚。

「娘，請您原諒我，忠孝不能兩全。」川哥跪了下去，向伯母磕了一個頭。

「罷了，」伯母彎腰把他一拉：「你回來了就像天上掉下一顆星，娘一肚皮的高興，我不怪你。」

川哥起來，拍拍身上的雪和膝上的灰塵。伯母連忙從房裡拿出他的長袍，遞給他：

「你快脫掉這身破爛吧，換上你自己的袍子。」

川哥接過自己的長袍，放在臉上親了一下，走進房去。

川哥穿了長袍出來，人顯得更加高大。

伯母重新上香，點燃兩枝大蠟燭。她要我把大門完全打開，交了一串鞭炮給我，她自己拿着一個新蒲團，往堂屋中間一放，對川哥說：

「來，先磕幾個頭，謝謝天地，謝謝祖先。」

川哥先向大門外跪拜，我站在門口把鞭炮點燃，鞭炮在雪地上彈起朵朵雪花。

川哥跪拜完畢，我隨手把門關上，外面的寒氣實在太重，直向堂屋裡衝。

「娘，您請上，再受我一拜。」川哥拜完祖先，又向伯母恭恭敬敬地磕了三個頭、

「小汀，來，你也受我一拜。」川哥突然把我拉在上面，我有點著慌，他一跪下，我也連忙就地跪下，我們相互磕了一個頭。

我不知道他爲什麼拜我，他起來之後摸摸我的頭說：

「小汀，這幾年難爲你陪大媽過年。」

「川哥，你不在家，我應該盡點孝心。」

他和伯母都高興地一笑。

伯母重新把菜熱好，她本來吃完了又重新陪着我們坐下，川哥坐在那個爲他預留着的位置。

伯母另外爲他斟了一錫壺高粱，驅驅寒氣。他大口喝酒，大塊吃肉，那樣子看來饞得很，好像離開家他就沒有吃過肉。

「啟川，你剛才那身打扮，像個叫花子，現在這副吃相，也像個花子。」伯母不吃東西，望著川哥微笑說。她彷彿一下子年輕了十歲，完全不像先前那份愁眉苦臉的樣子。

川哥喝了幾盅酒之後，臉色也紅潤起來，他笑着回答：

「娘，我眞的在外面當了幾年花子。」

伯母微微一怔，隨後又笑着說：

「你說胡話，開娘的心？」

川哥不回答，笑着舉起酒盅敬伯母的酒。伯母舉起面前的空杯，和川哥的酒盅在空中輕輕一碰，笑瞇瞇地說：

「娘兒望月，好不容易望着你回來和娘團個年，娘沒有酒量，只能做個樣兒，高興高興。」

伯母雙手捧着酒盅，在唇邊輕輕靠了一下。

「娘，天寒地凍，您也喝一點酒，活活血？」川哥笑着說。

「娘上不得金鑾殿，一聞到酒味就頭暈，你自己多喝幾盅吧！」

於是川哥把酒盅伸到我的面前，笑着對我說：

「小汀，我們哥倆也喝一盅？」

我笑着搖頭，我的酒盅也是空的，他倒了一點酒在我盅裡，催着我說

「來，乾！」

好勝心使我舉起酒盅，脖子一仰，喝了下去，喉嚨辣得像火燒，辣出了眼淚。川哥看了哈哈笑。

「啟川，我倒要問問你，到底是什麼風把你吹回來的？」伯母笑着問他。

「娘，您不必問什麼風，我是想回來看看您，今天我趕了一百二十里路，不然只能向您拜年了。」川哥喝了一大口酒說。

「難得你這片孝心。」伯母很高興，隨後又憂心地問：「你該不會再走吧？」

「娘，您放心，我回來就是爲了侍侯您。」

「啟川，你在外面成家沒有？」伯母又關切地問。

「娘，誰家姑娘肯嫁我這個花子？」川哥爽朗地一笑。

「你這孩子！」伯母輕輕一嘆：你要是不跑出去這些年，玉芝姑娘早就做了我的兒媳婦？我不早就抱孫兒了？」

伯母提到柯玉芝，川哥就不再那麼輕鬆，他摩娑着酒盅，問：

「娘，她出閣了沒有？」

「她還在娘家作大閨女，」伯母笑着搖頭：「看樣子她八成兒是在等你。」

「那也未必。」川哥又喝了一口酒。

「你回來正好，改天我託人去提提。」

川哥沉吟了一下，隨即搖搖頭：

「娘，不必性急。」

「你是不是在外面有了新人？」伯母疑疑惑惑地望着他。

川哥用力搖搖頭。

「孩子，那你打的什麼饅主意？」

「娘，慢慢來，」川哥安慰她說：「她既然未嫁，我也不會走，果眞有緣就錯不了這個婚姻。」

「你倒說得好？」伯母一笑：「你二十四，人家也二十三了，她縱是春不老，花朝過了還能等多久？」

「娘，我再敬您一盅酒。」川哥笑着舉起酒盅。

「你自個兒喝貓尿吧，娘留點兒量喝你的喜酒。」伯母笑着回答。

川哥一個人自斟自酌，直喝到壺底朝天，他才吃飯。他的酒量好，飯量也大，九大盤菜他吃了一大半。伯母看了非常高興，笑着對川哥說：

「你眞是酒桶子，要是你沒回來，我和小汀三天也吃不了。」

「嗨，出門幾年，今天才眞的吃個酒醉飯飽。」川哥站起來摸摸肚皮向我一笑。他長袍大袖，挺在那裡，眞像個二郎神似的。

川哥和我用錢紙封好了前門後門，我們就圍着火盆「守歲」。本來我想和伯母吃過團年飯就回家，現在索性留下來。

伯母拿出一副舊紙牌，一個小簸箕，我們三人的腿成了「三脚貓」，簸箕放在我們的腿上，牌放在簸箕裡面，這樣就湊成了一個牌局。

伯母早就給了我壓歲錢，現在她又給川哥一個紅包。川哥笑着說：

「娘，我是大人了，還興這一套？」

「老規矩，不能廢。你一百歲還是個孩子，只要我這塊天牌在，你總是地牌。」

伯母的精神特別好，彷彿喝了幾斤人參湯，玩牌時她一再端詳川哥，似乎是在看他變了多少？川哥的頭髮大概有個把月未理，鬍髭也有好幾天未刮。伯母若有所悟地一笑：

「啟川，難怪你在外面沒有成家！你這副鍾馗的樣子，那家姑娘肯嫁你？明天大年初一，你得先刮刮鬍子，打扮打扮，不可以冒冒失失去會玉芝，人家可是金枝玉葉兒的。」

「娘，我生就了這副熊樣，還能油頭粉面，打扮成個唱小生的？」

「話不是這麼說，菩薩臉上也要粧金，何況凡人？娘的意思不是要你去勾引人家黃花閨女，你和玉芝姑娘幾年沒見面，那時你像個白面書生，不是現在這副鬢相，你要知道姐兒愛俏，不打扮打扮怎行？」

川哥笑着打了一個大呵欠。伯母連忙把牌收起：

「我忘記了你趕了一百二十里路，你和小汀早點去享福吧。歲由我一個人守。」

我喜歡放鞭炮，擲骰子，不喜歡玩紙牌，早就有點想睡，伯母這一說，我首先站起來，川哥也跟着我起身。

川哥的床伯母早幾天就舖好了，一則是盼望他回來，二則正月的客人多，表兄表弟一住就是十天半月，我也偶爾睡一兩夜。

「小汀，玉芝現在到底怎樣？」進房後，川哥輕輕地問我。

「還是那麼花是花葉是葉的。」

「老了一點兒沒有？」

「玉芝姐眞是春不老，越長越俏。」

川哥高興地一笑，隨後又指着自己的鼻尖問我：

「你看川哥老了多少？」

我看了他一會，然後對他說：

「你最好聽大媽的話，刮刮鬍子。」

他摸摸我的頭，咧咧嘴，又輕輕嘆口氣。

他脫衣時我發現他大腿和膀子上，有兩個大疤，我正想問他，他卻向我搖搖手，輕輕地說：

「不要大驚小怪，狗咬的。」

我不相信，他一拳可以打死一條狗，再兇的狗也不能把他咬成這個樣子。

當我把被子拉開，一柄烏黑的小手槍抖了出來，我一怔，川哥連忙把它抓在手裡，附在我耳邊輕輕地說：

「千萬不能讓大媽知道！」

二

伯母眞的守歲守到天亮，我們起來後先向她拜了一個年，她也對我們說了許多吉利話；她年紀大，像個百寶箱，藏了一肚皮的吉慶話兒。

川哥到我家拜過年後，要我陪他到柯家去。

冷空氣凍得鼻尖、耳朵失去了知覺，我們只好把圍巾裹住了頭。雪花還在不停地飄落，脚踏在雪上「吱吱」響，一路下去就三四寸深。

我們低着頭在雪地上走，我在前，他在後，經過孤零零的王家時，冷不防王家的一條大黑狗撲過來，我駭得向旁邊一閃，跌在雪上，那黑狗向我身上撲來，我一聲尖叫，川哥急走過來伸手一撩，一把抓住黑狗的一隻後腿，擧在空中轉了兩圈，用擲鐵餅的姿勢，抓住後腿的手一鬆，把黑狗摔出十幾丈遠，蓬的一聲，黑狗跌得汪汪叫，夾着尾巴一跛一跛地逃跑，他看了哈哈笑。

「川哥，你的力氣眞不小！」我爬起來笑說。

「昨天晚上多吃了兩盌飯，長了幾斤力氣。」他幽默地回答。

「川哥，那你身上的疤不是狗咬的？」我忽然想起他大腿上和膀子上的兩個大疤。

「小汀，你還是這麼好管閒事？」他向我一笑：「長大了可以當保長。」

我不敢再說什麼，圍好圍巾繼續趕路。

我先衝到柯家，恰巧碰着玉芝姐在堂屋裡待客。她穿得整整齊齊，天藍色的旗袍上套着一件黑絲絨襖，真別緻。

「玉芝姐，拜年，拜年。」我衝着她左腿一屈，雙手一拱，打了一個千兒。

「喲！小汀，不敢當，你怎麼這麼早？」她連忙伸手把我一拉。

「玉芝姐，我誠心來拜年，怎能不早？」我拍拍長袍，發現川哥走近，拉拉她的衣袖，向外一指：「妳看，那是誰？」

玉芝姐身子一震，臉上立刻飛起兩朵紅雲，像一截木樁子釘在地上。

「玉芝妳好？」川哥向她雙手一拱。

「你好，你好。」玉芝姐喃喃地說，隨後一轉身，向廚房跑了幾步，高聲地說：「娘，徐家少爺來了。」

她母親探頭一望，發現了川哥，連忙走了出來，一流水地說：

「喲！是啟川哪！稀客！稀客！」

「大娘，我跟您拜年。」川哥雙手一拱，腰一彎，深深一揖。

我也跟着一揖。

「不敢當，不敢當。」她一面說一面抱着肚子拂了幾下。

玉芝姐替我們泡了兩盌糖米花，招呼我們吃糖果。徐大娘接著對川哥說：

「唷！難怪這幾天聽得喜鵲噪，原來是你這位貴人回來了。」

「大娘，我還不是老樣子？」川哥說：「那裡有點貴氣？」

徐大娘打量了川哥一眼，笑着問他：

「啟川，你在外面幾年成家沒有？」

川哥笑着搖頭，玉芝姐看了低頭一笑。

徐大娘和川哥談了幾句，就借故回到厨房。徐大爹他們隨着大夥兒到關帝廟拜年去了。

本來我想先走，忽然想起了王家的黑狗，心裡有點駭怕，只好站在一旁做蠟燭。

玉芝姐起先還有點害羞，慢慢地就自然起來。但礙着我在川哥身邊，總是欲言又止，我也只好借故離開一下。

當我再回到堂屋時，他們兩人有說有笑。川哥起身告辭時她輕輕地對川哥說：

「過了初三我再去拜年。」

隨後她又摸摸我的頭，笑着說：

「小汀，先代我在你娘面前請個安，改天我再向她磕頭。」

玉芝姐母女兩人把我們送到門口，她母親囑咐我們以後常來玩，就先縮了進去。玉芝姐却亭亭地立在門外，不時揮着絳色的小手絹兒。

「小汀，記住我娘的話，時常來玩。」最後她提高聲音對我說。

我聽了好笑，我對川哥說：

「川哥，玉芝姐拿我做題兒，另外寫文章，講的盡是題外話，你懂不懂？」

「小鬼！」川哥的大手在我頭上一拍：「難怪王家的黑狗咬你！」

「看樣子下半年我有喜酒喝了？」我仰着望他。

「給你喝貓尿。」他把我輕輕一推，我倒退幾步。

他一轉身扯起大步往前跑。他一步三四尺，雪地上一步一個深印，我跑三步也抵不上他兩步，他總是把我丢得老遠。我想起王家的大黑狗，恐怕過不了關，急得大叫，他停下來，哈哈大笑，我氣吁吁地跑到他跟前，他揶揄我說：

「小汀，你這樣不中用，長大了怎麼打鬼子。」

「等我長大了，鬼子早就滾蛋了。」

「你不打他，他自己會滾？」

「鬼子有洋槍大炮，我赤手空拳怎麼打？」

「打的辦法很多，找着機會塞他幾拳也出口氣。」他咧着大嘴一笑。

「那不是在老虎頭上抓癢？」

「沒出息！」他的大手又在我頭上一拍，我的身子一挫。

「再過兩年我就會比鬼子高。」他說我沒出息，我於是挺挺胸脯。

「你就算比鬼子高，也沒有鬼子壯。」

「這是天生的，有什麼辦法？」

「練嘛！」

「怎麼練我也練不到你這個樣子。」我望望他那結實的身子，心裡一涼。

「廢鐵也練成鋼，鬼子還不是練出來的？」

不錯，我看見鬼子戴着面罩，拿着木槍，互相劈刺；打着赤膊摔跤，跑步……。

他看我怔怔地望着他，把長袍一撩，把我一拉：

「走，我們跑回家。」

沒有辦法，我只好跟著他跑。在雪地跑步，像踩在棉花簍裡，跑起來格外吃力。這次川哥不是快跑，總是在我前面一兩丈遠，我因爲怕王家的狗咬，不敢落後太多，拚命跟着他。我們經過王家時，那隻大黑狗，牠的英雄氣概不知去了哪裡？跑過王家時我實在跑不動，停了下來，川哥向我一笑：

「怎樣？小汀，鬼怕惡人吧？你看那條大黑狗也不敢再兇了。對付鬼子也要這樣。」

「川哥，你這次回家到底爲了什麼？」

「騎着驢子看唱本，走着瞧。」他向我笑說。

「你要知道這是老虎窩，不要送猪上門。」

「我知道。你可讀過這兩句書：『不入虎穴，焉得虎子』？」

我點點頭。他又問我：

「你懂得這兩句書的意思？」

我又點點頭，他盯着我說：

「小汀，你可不能瞎講，小心我扭斷你的脖子？」

我不自覺地退後一步，他又握握我的手，往地上一蹲，作了個騎馬樁，回過頭來對我說：

「上來，我揹你回家。」

我於是跳上了他的背。

他立即邁開大步，向前奔跑，一步一個脚印，棉鞋後跟揚起一團雪花，像一匹快馬。難怪他一天跑一百二十里路。

年初四的上午，玉芝姐就過來拜年。她先到我家，和我母親聊了幾句，母親心裡雪亮，不多挽留她，反而對我說：

「小汀，帶玉芝姐到大媽家去玩。」

「二嬸，我椅子還沒有坐熱呢？」玉芝姐不好意思就走。

「天寒地凍，坐多了會長凍瘡，」母親向她一笑：「應該活動活動。」

「好，我待會兒再來。」她笑着起身，牽着我的手便離開我的家。

「小汀，你川哥在不在家？」她輕輕地問我。

「八成兒在，他不會亂跑。」我說。

這幾天他在家裡做些什麼？

「母鷄賴孵。」

她輕輕一笑，隨後又說。

「他那麼大的漢子，怎麼就得住？」

「八成兒在想心事。」

「想心事？小汀，你知道川哥想些什麼？」她輕輕問我。

「你猜猜看？」我望着她說。

「我又不是他肚子裡的蛔蟲，怎麼猜得出來？」她向我嫣然一笑。

「斑鳩樹上叫咕咕，我看他八成兒是想妳？」

「小汀，你胡說。」她輕輕白我一眼。

我三步兩步跑到伯母家，搶先進門向伯母報個信，伯母三步併作兩步，趕到門口歡迎。

我又悄悄走到川哥房裡，川哥連忙把那枝小手槍往床墊下一塞，原來他躲在房裡擦手槍。

他雙手往袖筒裡一抄，笑著對我說：

「走，出去！」

我被他趕出來，他在後面跟着。和玉芝姐一照面，他就雙手一拱。玉芝姐笑着說：

「您好？」

「有酒有肉，無病無痛。吃飯、睡覺、做夢，怎麼不好？」川哥笑着回答。

「這麼大的人了，還說胡話？」伯母笑着截住他。

玉芝姐抿着嘴兒一笑。

伯母招待玉芝非常體貼週到，她親自泡盌冰糖桂圓水，支使着川哥遞給玉芝姐，玉芝姐雙手接住，輕輕地說：

「這怎麼敢當？」

川哥向她眼睛一眨，嘴角一歪，玉芝姐嗤的一笑。伯母隨後親自端着紅漆菓盒出來，挑最好的送給玉芝姐吃，還不時在她頭上摸摸，身上拍拍。

川哥看了好笑。

伯母和玉芝姐談了一會，就牽着我的手，把我帶到後院，塞了一包酥糖在我手上輕輕地對我說：

「小汀，我們兩人不要做蠟燭，下半年我請你吃喜酒。」

後院有株梅樹，梅花盛開，清香撲鼻，我也樂意在這裡玩玩。伯母看我逍遙自在，她又悄悄地溜走。

川哥和玉芝姐却雙雙走了過來。玉芝姐一看梅花，便笑着跑到樹下，攀着花枝放到鼻尖上聞聞。川哥不聲不響地折了簇梅花，往她鬢邊一揷，她回頭望著川哥一笑。

伯母留玉芝姐吃午飯，我也叨光。飯後伯母拉着玉芝姐在她房裡唧噥了好半天，不知道她葫蘆裡賣的什麼藥？

玉芝姐臨走時伯母又支使川哥伴送。玉芝姐笑着對我說：

「小汀，我們一道走走。」

「玉芝姐，對不起，不是我不想陪你，我不能做蠟燭。」我向她拱拱手。

玉芝赧然一笑，像秋天裡的紅葉。川哥向我一揚手，拳頭像個缽頭。

三

川哥和村子裡的青年人，兒時痾尿玩泥巴的朋友，處得非常好，小時候他是龍頭，現在那些青年人仍然敬他愛他，因爲他不但長得人高馬大，而且比他們多喝了不少墨水，又見過大世面，他們眞是口服心服。

初十到十五，是燈節期間，家家戶戶慶元宵。現在的燈節，雖然沒有太平日子熱鬧，可是仍然要玩幾條龍燈酬神，這是青年人和我們小孩兒的最大娛樂，自然不會放棄機會。

鬼子爲了表示「親善」，元宵前一天，就在鎭上貼了紅紙條，說是要在元宵節下午舉行角力比賽，歡迎支那人參加，勝了的發給三斗白米，還有毛巾、牙刷、旭光香煙。這件事很快地傳開了。

這天下午，玩龍燈的人都集在鎭上看熱鬧。玉芝姐也在臉上抹了一把鍋烟，換了一身粗藍布掛褲，像個三十歲的老嫂子，和我一道趕到鎮上，因爲川哥也在那裡，他是掌龍頭的。

我們趕到區公所門口，看熱鬧的人早就圍成了一個大圓圈。我找到了我們的黃龍，也找到了川哥。川哥看見玉芝姐，微微一怔：

「怎麼？妳也來趕這趟渾水？」

「我怕你也挿一脚？」玉芝姐笑着回答。「不知道鬼子葫蘆裡賣的什麼藥？」

「騎驢子看唱本，走着瞧吧。」川哥說。

我擠在人堆中，只看見人頭，玉芝姐也看不到場子，川哥人高馬大，他站在人後面也能看得見。我想往人堆裡面擠，力氣太小，擠不進去，玉芝姐不好意思像我一樣亂擠。川哥把龍頭交給另外一個青年人，笑着輕輕對我們兩人說：

「跟我來。」

玉芝姐抓着川哥的衣服，我牽着玉芝姐的手，川哥替我們「開路」，我和玉芝姐毫不費勁地走到場子邊沿。場子周圍用繩子木樁圍了一個圈，中間舖了幾床舊軍毯，四角釘牢，這樣才不會移動。

原來這是一個臨時競技場，正有一位青年人和一名日軍摔跤，那青年人被鬼子摔得四脚朝天，因此沒有人敢再進場比試，那鬼子趾高氣揚，目空一切，觀衆看川哥人高馬大，推他進去，他身不由已，半推半就地進了場。

玉芝姐和我却很緊張，她的身子有點顫抖，牙齒像在吃蠶豆。

「玉芝姐，妳冷？」我問她。

「不，」她笑着搖搖頭：「我怕，我怕你川哥吃鬼子的虧。」

「他那麼大的人，壓也會把鬼子壓死。」

「牯牛再大，也壓不死蝨子。剛才那幾個大漢子，還不是被鬼子摔得四脚朝天？」

忽然大家一聲「好！」我連忙向場子中間望去，那位叫做山本的日軍正向川哥撲過去，川哥人高手長，站了一個騎馬樁，山本撲了幾次都近不了身，他圍着川哥兩眼釘着他，川哥不給他半點機會，最後山本不顧一切，向川哥衝過來，川哥迅速地把身子一旋，大脚輕輕一掃，山本跌了一個狗吃屎，滿場子的人都鬨笑起來。玉芝姐雙手蒙着嘴笑出了眼淚。

裁判池田和翻譯唧噥了幾句，翻譯馬上說這次不算，兩個人應該貼身摔。

於是山本爬起身來繼續進撲，這次，他小心謹愼得多，川哥故意讓他貼近，他都有點膽怯。最後川哥賣一個破綻，他一下抓住川哥的腰帶，川哥也抓住他的帆布腰帶。

山木用力摔了幾下，沒有把川哥摔倒，川哥只是抓着他的帆布腰帶，沒有還手，他似乎要試試山本究竟有幾手？當山本幾下殺手鐧用完之後，他突然用左手把山本的手格開，右手，把山本提着轉了兩個圈子，然後往地上一摜，山本悶哼一聲，一時爬不起來，幾個蘿蔔頭連忙搶步上來把他架走。

大家齊聲歡呼起來。玉芝姐笑著輕輕問我：

「你川哥學的什麼猴拳？」

「不是猴拳，是他自己興的狗拳。」我笑着回答。

川哥正想退下收場，池田把哨子一吹，另一位日軍崎川走了過來。川哥不敢大意，凝神以待。崎川比山本要老練得多，一點不輕浮急躁。可是他比川哥矮一個頭，身子也不止小一號。兩人一交手，崎川就使出殺手鐧，以前那兩個大塊頭就是他那幾下摔倒的。川哥步步爲營，樁子踹得非常穩，他掀不動，川哥一用力他的身子就兩邊晃。突然川哥大吼一聲，雙手一提，把他頭上脚下地懸在空中，然後身子一蹲，雙手用力往地上一按，叭噠一聲，像按着一個大青蛙。

看的人高興得大笑大叫，像個打翻了的蜂窩。川哥迅速地退了回來，穿起衣服、鞋子，夾在人叢中溜去。

「我眞躭心你丢人。」在路上玉芝姐對川哥說。

「本來我不想插手，但是這個臉也萬萬不能丢。」川哥回答，又一再囑咐我：「小汀，這檔子吃狗肉的事，你可不能對大媽講！」

可是消息像長了翅膀一樣，比我們先到家。我們一走進門，伯母就像遇着了禍事一樣埋怨川哥：

「啟川，這是什麼節骨眼兒？別人樹葉兒掉下來都怕打破頭，你還要作出頭的柱子？你和日本人過手，那不是太歲頭上動土？」

四

儘管伯母提心吊膽，川哥在青年人當中，却成爲一位了不起的英雄好漢。玉芝姐對他也格外好，常常三天兩天跑到伯母家來，她對伯母那份孝敬，伯母對他那份慈愛，眞是女人長鬍子，少有。

清明節那天，我和川哥掃墓回來，伯母突然對川哥說：

「啟川，我想託個人到玉芝家裡走一趟，正式下個聘。你看怎樣？」

「娘，您何必這麼急？」川哥說。

「你二十好幾了，我早就應該抱孫子，你還說我急？有朝一日，做娘的兩脚一伸，眼睛一閉，還是死不了這顆心。」

「娘，等太平以後再說，那時讓您老人家大大地高興一番。」

「太平？天曉得那年那月太平？」

「鬼子總有一天要滾蛋的。」

「棺材過得六月，人過不得六月；男人三十一枝花，女人三十老媽媽，你要玉芝等到頭髮白？」

「娘，我沒有這個意思。」

「你又不殘不缺，爲什麼不早點圓房？你還想討個天仙不成？」

「娘，憑我這個熊相，那有仙女下嫁？我不做那個夢。」

「我已經問過玉芝，她當面答應我了，你怎麼還是李三娘上轎，一肚皮不願意？」

「娘，我沒有說我不願意，我只想延延期，玉芝既然答應了，何必要什麼月老？那不是脫了褲子放屁？」

「雖然你們是自由戀愛，這可是老祖宗的規矩，不能廢。」

「娘，你不用操心，有了棉花還愁沒有布？到時候您抱孫子就是。」

伯母聽他這樣說，也就不好再逼。

可是川哥並沒有把婚事放在心上，他常常出去，好像很忙，有時夜靜更深才回家，我發覺他不在家時那支小手槍也不在床墊下。

他甚至和玉芝姐在一起的時候也不太多。一次玉芝姐到伯母家來，又沒有看見他，怏怏地回去，在路上她碰見我，拉住我問：

「小汀，你川哥上哪兒去了？你知不知道？」

我搖搖頭。她輕輕嘆口氣：

「唉！你川哥也眞是，幾年不回家，回得家來又像隻花脚貓，這個鬼世界，有什麼好跑的？」

我也不知道他究竟跑些什麼名堂？就是知道了我也不敢講，我眞怕他扭斷我的脖子，那還不是像扭一隻鷄一樣？

「玉芝姐，川哥是土生土長的，妳何必躭心？」

「我怕他惹禍。」玉芝姐說，隨後又輕輕問我：「小汀，你川哥還有沒有女朋友？」

「玉芝姐，除了妳以外，他連一隻狗婆也沒有，這個我知道。」

她開心地一笑，露出一排整齊雪白的牙齒。隨後又眉頭一皺：

「那他爲什麼停鑼息鼓，不咚不噹？」

「說不定他將來會爲你唱一台大戲？」

「敢情是，」他笑着點點頭，但笑容像冬天的太陽，又立刻躲到烏雲背後，自言自語：

「只是家裡養個大閨女，就斷不了媒人的路，他不吭不嗐，別人可密鑼緊鼓。」

「玉芝姐，誰想吃天鵝肉？」

「小汀，不要貧嘴。」她輕輕地白我一眼：「說來說去，還不是廖學文。」

廖學文，川哥的同學，現在當了鄉長，是「漢」字號的紅人。川哥曾經和他見過面，罵他沒有骨頭。他只是對川哥陪著笑臉，沒有頂一句嘴，那份涵養，我們方圓幾十里地，實在少見。對鬼子他是九十度鞠躬，比對自己的父母還恭敬。

「玉芝姐，妳的意思怎樣？」我望着她面上問。

「你川哥在外面我都沒有答應，他回來了我還不竹枝兒打狗，請媒婆出門？」

「玉芝姐，風吹寶塔不倒，難得妳這顆心。」

「可是我老子娘就不明白你川哥安的什麼心？」玉芝姐又皺皺眉。「他們說我是油手捉黃鱔，終歸是溜。」

「玉芝姐，妳放心，我會打邊鼓。」

「拜托你，小汀。」玉芝姐向我一笑：「鼓不打不響，鐘不敲不鳴，我自己實在不好意思開口。」

這天川哥又到掌燈的時候才回來。我告訴他玉芝姐來過，把玉芝姐的意思透露給他。他沉吟了一會，　沒有什麼表示，我對他說：

「川哥，你最好早點放頂花轎過去，把玉芝姐抬回來。」

「皇帝不急，倒急了太監。小汀，你又狗咬耗子？」他望着我似笑非笑。

「川哥，你到底是安的什麼心？」

「小孩兒少管大人的事，我心裡比你清楚。」

「這又不是放風箏，你怎麼放那麼長的線？讓玉芝姐懸在半天？你是不是另有二心？」

「小鬼，你別胡扯！」他的大手在我的頭上一拍：「川哥不是賈寶玉，見了姐姐忘了妹妹。川哥只有一顆心，眼睛裏也藏不得一粒砂子。」

五

城裡和鎮上的牆壁不時出現標語和「燒餅歌」之類的文字，弄得鬼子疑神疑鬼，老百姓暗中高興。我們村子方圓十里以內，却沒有發生過這類事情。

過小年那天晚上，離我們村子十幾里路的鐵路，發生了翻車，那是一列軍車，鬼子傷了不少，還死了一個中尉。翻車的原因是路軌上堆了石頭，那地點兩邊都很陡。出事後，鐵路兩邊的村莊被鬼子放火燒掉，還殺了幾個人。

川哥不再出去，他左手兩個指頭用布包着。

「川哥，是誰吃了豹子膽，敢在鐵軌上堆石子，和皇軍過不去？」我說。

「說不定是放牛的孩子辦家家酒，堆起了忘記搬走。」他笑着回答。

「那不是在刀口上翻跟斗？玩命？」

「你以爲別的孩子都像你老鼠膽，豆腐脚？」

「那樣不知死活，也算不得什麼英雄好漢。」

「小汀，我看你就止一張嘴。」他的大手又在我頭上一拍。

我捉住他的手，望着那兩個包着的指頭問：

「川哥，你的手指也是狗咬的？」

他嗤的一笑，打了我一下，又一股正經地說：

「陽溝裡翻船，跌了一跤。」

「巧！」

「天下巧事兒多的是：花子拾黃金，瞎貓碰着死老鼠……。」

「我在沙灘上睜着眼睛找元寶，找來找去都是鵝卵石，我怎麼沒有那種運氣？」

「好了，我不和你胡扯。」他伸手舉起兩個大拳頭，在我面前晃晃：「小汀，你隨時記住我這兩個夥計，小心說溜了嘴。」

我瞎子吃湯圓，心裡有數，也就懶得再說。

這幾天，玉芝姐却找到了機會和他磨菇，兩人卿卿我我，伯母開心透了。

臘月二十九這天，他突然心血來潮，要我替他磨墨，玉芝姐自動替他舖紙，他揮動大筆，寫起紅紙對聯。他的何字可寫得龍翔鳳舞，灑脫之至。

「你這筆字兒眞到了火候，閒著也是閒著，我看開了年你就邀個泥巴館，教教子曰詩云吧？」玉芝姐笑着打趣。

川哥深深地看了玉芝姐一眼，沒有作聲，又舖紙頭寫字。

他寫完了大門、後門、房門、中堂的對聯，越寫越起勁，還寫了許多條幅和字角，他顯得很高興。

除夕這天上午，他就把對聯門神統統貼起來，窗子也用絲棉紙，秀油裱糊一番，房子裡煥然一新，一屋迎新氣息。伯母看了非常高興，和以往過年的那副愁眉苦臉，憂心忡忡的情形完全不同。

川哥在家過年，我就不打算再陪伯母過年，可是川哥硬拖我和他們一道團年，我家人多，少我一個人也不寂寞，因此我又在伯母家過年。

紅蠟燭比去年的更大，一斤一對；菜也比去年更豐富。伯母雖然忙得團團轉，可是有說有笑，她還對川哥打趣地說：

「娘老了，明年我可不管了，該讓玉芝來張羅張羅啦！」

「娘，依您的。」川哥也笑着附和。

伯母更開心，笑得眼角盡是皺紋。她從來不喝酒，川哥這句話却使她喝了一口。

團年飯吃到一半時，大門突然剝剝兩聲，我以爲有人來「辭歲」，正準備開門，川哥却迅速離座，閃到房裡，我看他的舉動有點不大對勁，怔了一下，坐着不動，他很快地從房裡出來，雙手套在大袖管裡，顯得格外從容鎭靜，示意我去開門。

我把門閂拉開，廖學文帶着警備隊的那位翻譯，笑着走進來。他先向伯母一揖：

「伯母，我先向您辭個歲。」

伯母連說不敢當。他又轉向川哥諂笑：

「啟川，打擾你了，因爲最近本鄉出了亂子，貴村的男人都集合在外面，我們是老同學，我特地同劉翻譯來請你回去向皇軍洗脫一下，現在請勞駕。」

「一定要去嗎？」川哥問他。

「沒有辦法啊！我也是奉命行事。」

劉翻譯望望中堂的對聯，向川哥一笑：

「不錯，老兄寫得一筆好何字。」

「過獎，過獎。」川哥哈哈一笑。

山邊的一塊空場上，站了一排男人，都是同村的老百姓。路口上站了鬼子兵，雙崗雙哨，場子正中架了一挺輕機槍，對着排隊站立的老百姓，機槍左右還站了十來個鬼子兵，雙手端著槍，如臨大敵。

川哥向場子裡掃了一眼，走向排尾站好。離他十幾步的地方是一道兩三丈高的陡坡，下面是一條小河，沿着山蜿蜒地流出去，那邊沒有鬼子兵把守。

池田向大家哇哇叫了一陣，咆哮如雷。他叫完之後，劉翻譯用中國話向大家說：

「池田大尉接到密報說，你們村子裏窩藏了重慶份子，和最近幾件亂子有關，希望大家主動供出來，不然你們一鍋爛，還要放火燒房子。你們看，機關槍已經架好了，一個也跑不掉。」

全場鴉雀無聲，川哥雙手套在大袖管裡，顯出格外悠閒的樣子。

池田又咆哮起來，揮舞着武士刀，滿臉殺氣。

廖學文和翻譯嘀咕了幾句，翻譯又和池田嘀咕了幾句。池田馬上命令崎川，帶着提着馬燈的保長，走到排頭要排頭那個青年伸出雙手。崎川在馬燈照耀下，翻來覆去地檢查那雙手。這樣一個個地檢查非常仔細。

川哥不時望望崎川，又仰臉望望天，好像在打什麼主意？

崎川一個挨一個走到他面前時，狠狠地看了他一眼，命令他把手伸出來，他向崎川一笑：

「好，我們又碰上了。」

崎川一怔。他腳一抬，踢翻了保長手上的馬燈，手一伸，啪的一聲，崎川倒了下去。

場子裡一暗。響起緊急腳步聲，鬼子手裡的手電筒一閃，我發現川哥一躍，跳下陡坡。一陣亂槍，鬼子追了過去。他們用好幾隻手電筒一齊照向下面，又啪啪啪地了一陣槍，隨後自動停手。

我以為川哥已經逃掉了，我溜過去一看，發現他的長袍掛在光禿禿的樹枝上，荆棘上，人卻懸在半中腰，像盪鞦韆，血從他身上流下去，下面的河水一片殷紅。

我差點失聲哭叫出來。

六

伯母在川哥的床墊下，找出一張字條，原來是寫給我的。

小汀：

如我不幸犧牲，只有你可以安慰大媽，照規定也由你過繼。

我愛玉芝姐，但我怕她像母親一樣守寡，我不忍連累她，但我又難啟齒，希望她能原諒我。

我很高興你快有扁擔高了，再過三五年，應該是一條鐵打的漢子……。

我看看日期，是他回家後第二天晚上寫的。

當我把遺書拿給玉芝姐看時，玉芝姐原已紅腫的眼睛又簌簌地掉下幾滴眼淚，她捧着川哥的遺言喃喃地說：

「急風知勁草，板蕩識忠良，我知道他不會負我……」

停了一會兒她又抓住我的手，盯着我說：

「小汀，你快點長大吧！」

圓房記

一

松梅是我的堂侄，年齡卻大我十多歲。可是我們兩人並不因爲輩份和年齡的關係而格格不入，我們相處得最好。雖然他是大家都瞧不起的「臭虫」、「懶鬼」，我卻特別瞧得起他。遺憾的是我的年齡太小，沒有誰重視我的卓見。假如我有我伯父那樣的威望，一句話就可以把他捧上天，但是我的話一點份量也沒有。大人們怕我學壞了樣，不讓我和他接近，但我不理，和他玩得格外起勁。

甚至他洞房花燭那天，我正和他在一起踢毽子。他也懶得理會那回事，彷彿結婚並不是他自己的事。

本來作新郎官在這天要洗個澡，長袍馬掛穿得整整齊齊，才像個樣兒。但他還是和平時一樣不修邊幅，一身舊藍布罩袍破了好多洞，髒得像剃刀布，閃着黑光；舊棉鞋燒了好幾個窟窿，棉花都露在外面。但他却把舊棉袍的下擺捲在腰上，用那雙破棉鞋和我踢毽子，自然還有別的孩子們在裏面湊熱鬧。

他除了不願意種莊稼之外，無論那一樣都比別人强，甚至踢毽子也沒有人踢得過他。我雖然穿着新棉鞋，也不是他的對手。無論跳、剪、吊、懸、扣、盤，他樣樣都好，左右兩隻脚同時盤來盤去我還沒有學會，就是普通的跳我也只能連續跳五六個，但在一羣小猢猻當中已經算出人頭地了，他却能一口氣跳二三十個。

在我們跳得正起勁的時候，他妹妹一而再，再而三地催他回去，他却相應不理，最後他妹妹氣了，翹起嘴說：

「平時別人打漁你總是晒網，今天圓房你還是這個老樣，小心爹爹來搥你！」

「死丫頭，妳少管閒事，給我滾回去！」他瞪了他妹妹一眼。

「松梅，別人巴不得這一天，你怎麼做新郎倌也想偷懶？」大的男孩們打趣地說。

「你們還沒有到我這個年紀，懂個屁？」他白了那幾個十五、六歲的男孩一眼。

「哥哥，快拜堂了，你到底回不回去？」他妹妹逼着問。

他沒有作聲，我聽說要拜堂了，便想看熱鬧，把鷄毛毽子往荷包裡一塞，同時雙手把他一推：

「走，回去拜堂，明天我們再踢。」

他很不樂意地把捲着的棉袍放下，然後向我苦笑說：

「四叔，這眞是捉着鷄婆上孵，硬逼！」

他的話剛說完，他父親就趕了出來，以那出名的大喉嚨，站在大門外對他吼叫：

「拜堂了，你還不趕快跟我滾回來！」

他垂頭喪氣地走回去，趿着破棉鞋。

我和一羣小猢猻跟在他的後面，他妹妹還在對他嘀嘀咕咕地說：

「別人做新郎喜氣洋洋，你做新郎却像個猪八戒，嘴上掛得糞桶住！」

他反身過來在他妹妹頭上重重的敲了一下，她馬上抱着頭哭了起來。

「妳這個死丫頭隔岸觀火，過兩年把你嫁個瞎子駝子，看妳還酥不酥？」他指着她罵了幾句。

「臭虫！懶鬼！」她潑辣地回罵：「嫂嫂不瞎不駝，那一點配不上你這個懶鬼？你不要想左了，玉蘭明天就要出嫁！」

他馬上面如死灰，滾出兩顆眼淚。

我們把他推推搡搡地弄回家去。

他在他父親的監督母親的嘀咕之下，換好了新的駝絨長袍，黑緞馬掛，戴上了灰呢禮帽，穿上直貢呢新棉鞋。他從來沒有穿戴得這麼好，可是他臉上沒有一點笑容，嘴還是嘟得像猪八戒。

新娘木香早已開過臉，打扮好了，她的臉還是那麼圓，圓得像個南瓜，還是逢人便笑，帶著幾分稚氣和傻氣的笑。我很少看見她生氣，卽使我堂嫂揪她，她也是那麼笑嘻嘻，所以我看不出她今天是眞歡喜還是假歡喜？

伴娘聽說新郎已經穿着整齊，便把一大塊紅布往她頭上一蓋，攙扶着她走了出來。堂屋裡早就紅燭高燒，桌子上圍着了紅桌裙，四周站滿了看熱鬧的男男女女。松梅像一截大木頭般地站在蒲團前面，完全不像和我踢毽子時那麼矯捷。

伴娘把新娘攙到他的身邊，掛在門口的萬字頭鞭炮便噼噼啪啪地響了起來。他們先向天地君親師位三跪九叩首，再向父母跪拜，然後轉過來向門外的天地三跪九叩，拜堂的儀式便算完成，拜客却是明天上午的事。

拜過堂後，天也就黑了下來，接着就開酒席，招待親戚朋友，五服以內的本家，自然也少不了一份，我也叨了這麼一點光，人雖然小，却坐上了猢猻席。

鄉下人吃酒席眞是開懷暢飲，大吃大鬧，女人孩子更像一羣噪晚的烏鴉，吵麻了耳朵。松梅敬過酒之後，趁大家鬧哄哄的時候，輕輕地把我叫到一邊，問我有沒有什麼地方可以藏身？我以爲他是怕人鬧新房，和他爲難，自然應該幫助他。腦筋一轉，轉到一個我平日躲「咪貓」的稻草堆上，那兒開了一個非常隱密的洞，從來沒有人能找到，於是我爽快地點頭說「有」。

「走，帶我去！」他輕輕地說，却用力把我一拉。

我和他從後門悄悄地溜了出來。

臘月天，天上的雲像灰色的肉凍子，入夜便伸手不見五指。北風呼呼地吹，吹在臉上像刀割。

因爲地形太熟，在黑暗中我還是辨得出方向。

我們摸到那座大稻草堆，摸到了那個隱密的洞，我把一束僞裝的稻草拉開，先鑽了進去。這裡面是可以容納兩三個人，但我一想到他那一身新衣，便對他說：

「你不能進來，弄髒了衣服可惜。」

「管它，我不要穿這身鬼衣服！」說着他就鑽了進來，又輕輕地問我：「你不出去？」

「這裡面暖得很，我想聽你講三國。」我說。我已經吃飽了，這個洞裡也實在溫暖舒服，他肚子裡又裝滿了六才子書，三國演義也記得滾瓜爛熟。

「今天我心裡很煩，不講三國。」他坐在我身邊說：「你出去，讓我一個人在這裡睏。」

「不講三國可以，」我說：「今天是你圓房的好日子，怎麼能一個人在這裡睏？」

「我一看了那個『方石滾』就生厭，怎麼能同她在一起睏？」方石滾是新娘木香的綽號，她是一個出了名的笨人，做事、走路、講話，甚至笑起來都是那麼遲鈍，她又是童養媳，和松梅一起長大，的確看厭了。無論大人小孩都知道他不喜歡他，他從來不和她講話，但我的堂兄堂嫂卻要這兩個寃家「圓房」。他們也有他們的理論，而那套理論又是大人們一致讚同的，那就是這麼簡單的一句話：「圓了房就會好的。」

但是現在松梅不回到新房去睡，怎麼會好呢？

「你不回去他們會找的。」我說。

「讓他們找好了！」他賭氣地說。

「那你先前就不該和她拜堂？」我說。我知道拜了天地就等於寫了契紙，那是不能反悔的。

「不拜我拗不過他們，不在一起睏他們就沒有辦法，他們總不能脫我的褲子？」

我聽了笑了起來，他又不是三歲兩歲，用不着堂嫂把尿了，那有老子娘替二十多歲的兒子脫褲子的道理？

「你先回去，不必和我在一塊。」他等我笑過後又對我說。

「這裡比被窩裡還舒服，我也不想回去。」我說。

他聽我這麼說就連忙把洞口堵好。

「你是不是在想玉蘭姐？」我等他坐好之後輕輕地問他。

玉蘭是劉家的大姑娘，天生的美人胎子，綽號「賽西施」。我沒有見過西施，不知道西施是什麼樣子？但玉蘭我天天見面，眞是百看不厭。今年以前，她背後還是拖著一條烏黑的大辮子。生得細皮白肉，說來奇怪，大太陽也晒她不黑。鎭上的青年人都說她是瓜子臉，櫻桃嘴，楊柳腰。我却最喜歡聽她說話的聲音，像樹林裡的黃鶯唱歌一般好聽；還有那對會說話的眼睛。她嘴巴不動，眼睛一轉就會比別的女人說一百句話還要傳神。而且她的眼眶子大，看不起一般捋牛尾巴的青年人，獨對松梅垂青。因爲松梅裝了一肚子六才子書，還看了許多別的小說演義之類的書籍，這是那些專教子曰詩云的老學究所不及的。玉蘭和我一樣，就是聽他講三國、水滸、西廂、紅樓……這些書入了迷的，因此我特別看得起他，但是玉蘭却愛上了他！有一天他們兩人在一塊被別人撞見了，不知道是做錯了什麼事？玉蘭被他父親吊起辮子來打了一頓，松梅被我們的族長罰跪在祖宗牌位面前，用扁擔打了一頓屁股。

本來松梅只有一個「懶鬼」的綽號，他這個綽號就是由看書得來的。閒空時他固然手不釋卷，甚至農忙時他也坐在牛背上或是躺在樹蔭底下看書。那些連史紙石印本的書看捲了角，甚至東缺一角、西掉一塊，但他還是像寶貝一樣地捧在手裡，捨不得放下。對於田地裡的事他總是懶洋洋地提不起勁，敷衍了事。因此落了一個「懶鬼」的罵名。

自從他和玉蘭挨打的事發生之後，「懶鬼」之外又加了一個「臭虫」，他的地位是愈來愈低了，甚至比挑剃頭擔子的老許還不如。我總覺得這是件很不公平的事。尤其是他和玉蘭，應該是很理想的一對，但他卻不得不和「方石滾」圓房，玉蘭也不得不嫁給那個王跛子，因爲那是指腹婚姻，而且她又偏偏在明天出嫁。玉蘭的父親雖也知道王跛子配不上玉蘭，玉蘭非常討厭王跛子，但他不願意食言，而且也和我堂兄嫂持同樣的觀念：「圓了房就會好的。」

但我知道松梅捨不得玉蘭，玉蘭也捨不掉他，雖然在人前碰面時，兩人冷淡得好像從來不相識，但有一天夜晚我却發現他們兩人在牛欄旁邊抱頭飲泣。我爲了怕被別人發現，故意輕咳一聲，玉蘭便像一隻驚弓的鳥兒樣的駭跑了。松梅知道是我，便安心許多，但一再囑咐我不要傳出去，我很同情他們，自然不敢亂講。

「四叔，我不騙你，我是在想她。」過了好半天他才低沉地回答。

「想又有什麼辦法？她明天就要嫁到王家去了。」我說。

「我知道沒有辦法，但我不能不想，」他面對着我說：「尤其是在今天這個鬼日子！」

「今天是個黃道吉日，你怎麼說它是鬼日子？」

「四叔，對別人是好日子，對我是鬼日子。希望你將來長大了不要遇着我這樣的事。我雖比不上張君瑞，玉蘭也不是崔鶯鶯，但我們相好是眞的。」

「你最近見過她沒有？」

「見過一次，只講了幾句話。」他說。

「講些什麼？」

「她說刀架在頸子上她也不從，又說縫好了一條特別的褲子，她決心僵下去，最後出家做尼姑。」

我聽了松梅的話，心裡很不好過，我又問他：

「你怎樣對她說？」

「你已經知道了，我不必再說。」

我想他是指不和木香同房的事，現在他正和我躲在草洞裡，這就是一個很好的證明。草洞裡雖然很暖和，但是空氣不太好，和他坐久了沒有話講，我就覺得有點無聊，但又不好意思離開，而且夜已經很深，一個人出去又怕鬼，因此我不時和他扯幾句閒話，我又轉彎抹角地問他：

「上次你沒有講到賈寶玉和林黛玉圓房的事，後來他們怎樣了？」

「後來林黛玉死了，賈寶玉瘋了，還圓什麼鬼的房？」他沒有好氣地回答。

這種結局眞是大大地出乎我的意外，和聽說玉蘭要當尼姑一樣使我不愉快。

我覺得百無聊賴以後，便昏昏入睡。

突然，我被一陣喧鬧聲驚醒過來，我聽見松梅父親的大喉嚨在喊：

「松梅——松梅——」

其中還夾了許多嘈雜的人聲。我輕輕地對松梅說：

「糟了，他們找來了！」

「不要作聲！」他輕輕地囑咐我。

「這個子弟眞不成材！」他父親在嘆息，在罵。

松梅摒着呼吸不作聲。

他們在這些稻草堆外面轉來轉去，有人捉摸地說：

「奇怪，到處都搜遍了，怎麼找不到人？」

「該不會投水吧？」有人憂慮地說。

「眞的投水我就給他找一副棺材板！」他父親生氣地說：「反正是塊廢料。」

我覺得松梅的身子劇烈地顫了一下，但還是不作聲。

過了一會他父親又大聲地說：

「請大家再仔細搜搜看，如果眞的找不到，我就放把火把所有的穀草堆燒掉！」

我聽了有點害怕，如果眞的放把火，我們兩人就要燒成黑炭，但是我沒有把這種恐懼講出來，松梅却以低微的聲音滿不在乎地說：

「燒死了也好。」

就在這時，堵在洞口的一捆稻草突然被人拉開，一道馬燈的光亮射了進來，外面高興地大叫：

「嘿！在這裡！在這裡！」

於是大家七手八脚地把松梅拖了出去，我不等他們拖就自動爬了出來，他們看了我不禁失笑：

「嘿！眞是個活寶！你又不是新郎倌，躲什麼？將來給你娶個月裡嫦娥好了！」

松梅一身新衣服黏了許多稻草，我也是一樣。他父親駡了他幾句就叫兩個年輕力壯的叔伯兄弟架着松梅回去。松梅像個木頭人一樣，毫無反抗。

他們把他架回家時正好鷄啼頭遍，大家硬把他推進新房，他母親連忙把房門帶上，反扣起來，用鐵扦拴上，然後放心地一笑，輕輕地對大家說：

「沒有貓不吃魚的，過一夜就好了。」

二

第二天是「拜客」的日子，一般新郎新娘都特別起得早，表示沒有做什麼醜事。但是松梅的情形不同，昨夜他被架回時已經鷄啼，加之房門是反扣着的，從裡面打不開；他父母爲了體恤他，不便過早驚醒他，所以遲了個把時辰，她母親才過去把鐵扦抽出來，把門推開。

木香已經起來，穿戴整齊地坐在床沿上。她不但是個「方石滾」，也不愛作聲，甚至她母親用力揪她，她也不叫一聲，所以她另外一個綽號是「木人」。她唯一的表情是笑，遲鈍的笑，天眞的笑。

松梅伏在窄條桌上睡，還沒有醒，身上的稻草也沒有拂掉。她母親看了一怔，走過去把他搖醒，責怪地罵他：

「猪，你這個猪！」

松梅沒有理她，逕自走了出來。

他父親又罵他「報應！」「廢料！」，他也不作聲。

外面在下着大雪，大概昨天晚上我們回家後就開始下了，因為地上一片白，雪已經有兩三寸深。

客人統統來了，我伯父昨天晚上也從城裡趕來鄉下，因為松梅的父親請他「開拜」。

他一到，伴娘就把新娘扶了出來，站在松梅旁邊。桌上已經擺好了盛禮金的紅漆托盤，鞭炮一響，我伯父就往桌子當中一站，向紅漆托盤丟下一塊白幌的龍洋，叮噹一聲響，於是松梅和木香跪下去磕頭，這是祖傳的禮數。

松梅平時對任何人都無所謂，對那些教書的先生他完全沒有放在眼裡，只有對我伯父還算尊敬，因為他住在城裡，很少下鄉，又不像那些冬烘先生食古不化，雖然他不是族長，但他的威望却遠在族長之上，加之又是祖父一輩，所以松梅才敬他幾分。可是現在他臉上毫無表情。當我伯父丟下第十塊龍洋時，別人都伸伸舌頭，他只是木然地下跪，磕頭，沒有一點笑容。

輪到別人時，他更是連看也不看一眼。

直到吃午飯時才拜完客，雪已經下到四五寸深了。

吃完午飯以後，他悄悄地把我拉到後面的茅屋裡，他拜了一個上午客，顯得有點疲捲。他袖子裡面藏了一本紅樓夢，走到茅屋裡才敢露出來。他往稻草堆上一靠。

「四叔，王家的花轎來了沒有？」松梅問我。

「我沒有看到，說不定就要來了。」我說。

「以後我很難見到玉蘭了。」他無意識地翻着殘破的紅樓夢，眼睛望在地上。

的確，王家有十幾里路遠，而且隔着一條長江，眞像牛郎織女隔着天河，一頂花轎抬走玉蘭之後，再要見她眞比牛郎織女還難。

我不知道怎樣安慰他好？事實上這兩個月來玉蘭簡直足不出戶，表面上她父母是讓她休養休養，專在家裡做嫁粧。其實呢，是她父母存心不讓她出門一步，以免和松梅見面，杜絕流言。

我想不出安慰他的話，但我却想到一點，就是王家花轎到的時候看熱鬧的人一定多，他可以跟着我混在人堆裡面，也許可以偷看她一眼兩眼？我把這個意思告訴他，他却搖搖頭說：

「不行，我是根丈二臘燭，太亮！」

「那怎麼辦呢？」

「四叔，你去替我看看她好嗎？」他握着我的手說。

我點點頭。他不請我去我也會去的，而且我可以擠進她的閨房，擠到她的身邊去，瞪着眼睛瞧她也不會有人阻止的。但是，我瞧她有什麼意思呢？她又不是和我相好？松梅大概看出了我的意思，便對我說：

「你看看她到底打扮成個什麼樣子？回來告訴我。」

我覺得有點好笑，但沒有笑出來。

突然，我聽見遠處有「洞—嘡—洞—嘡—」的銅鑼聲音，和「嗚哩啦，嗚哩啦」的喇叭聲，我知道是接玉蘭的花轎來了，我高興地說：

「來了！來了！」

可是松梅却像看到了閻王的勾魂票一樣，馬上面如死灰，手一鬆，紅樓夢也掉在地上了。

我三脚兩步跑了出來。雪很大，滿頭滿臉地蓋下來。我望見一頂漂亮的花轎，由四個人抬着，另外還有十幾個人跟着，冒着大雪向玉蘭家裡走來。

玉蘭門口已經圍了不少大人孩子，我也趕了過去。她家門口的兩邊牆上已經貼着「簫能引鳳，雲可乘龍」的紅紙對聯，喜氣洋溢。但是破壞這團喜氣的是玉蘭的哭聲。本來嫁女兒是要哭的，大家有一個古老的觀念，說是越哭越發。玉蘭是眞哭，哭得特別悲切傷心，我聽了都出眼淚，尤其是當花轎到達門口，喇叭「嗚哩啦」一吹，她竟像被宰的猪一樣嚎叫起來，聲音尖銳得像一把刀，刺在每一個人的心上。但他硬心腸的父親還笑容滿面地說。

「讓她哭，越哭越發。」

我擠到玉蘭的房裡，房裏已經擠滿了女人孩子，玉蘭坐在床沿上，她旁邊還坐了兩個女的，那兩個女的也陪着她哭，但他們的聲音很細，彷彿是唱歌，也有點像哼搖籃曲，雖然也用紅手帕，但手帕是乾的。

玉蘭呢，她的眼睛却腫得像兩隻大胡桃。她已經「開」了臉，把臉上額上的汗毛統統拔掉，因此臉上顯得更加白淨，加上兩個月不晒太陽，皮膚更嫩，人是更漂亮了。可惜那對會說話的水汪汪的眼睛腫了。

我夾在許多孩子中間，起先她沒有發現，後來她發現我，突然停止哭泣，看了我一眼，她嘴裏雖然沒有作聲，但我從她眼睛裏面看得出來一定有事，只是猜不透。我正在捉摸她的意思，她突然站起來對大家說：

「我要上馬桶了，請你們出去。」

在大家亂哄哄地搶着出去時，她卻走到我的身邊，悄悄地塞給我一個軟軟的紙包，又輕輕地對我說：

「交給松梅！」

我連忙把紙包收起，擠了出來。

不久，她就在哭聲中被她哥哥抱了出來，像猪綁在案上一樣嚎叫，抱到花轎門口時她更是拚命地掙扎，她嫂嫂塞給她一包紅棗，笑着對她說：

「姑姑，早生貴子！」

她却手一揮，把紅棗打落一地，猩紅的棗子落在雪地上，特別刺眼。

她哥哥費了很大的勁才把她塞進花轎，轎門一閂好，轎夫抬起就跑，轎子却向兩邊搖幌，四個轎夫都抬不穩。

喇叭「嗚哩啦，嗚哩啦」地吹了起來，伴着玉蘭的悲切的尖銳的哭聲，以及飄飄的白雪，聽起來不像是一件喜事，看起來也有點像送喪。

我望着那些人把玉蘭抬走，心裏像丟了一件什麼貴重的東西。有幾個大人也惋惜地說：

「我們的賽西施走了！」

這時我才突然想起玉蘭塞給我的那個紙包，我伸手在荷包裏摸摸，沒有擠掉，我連忙跑回去找松梅，松梅却孤獨地站在茅屋後面望着玉蘭的花轎呆呆地流淚。

我走過去把他的衣袖一扯，他嚇了一跳，連忙用袖子擦擦眼淚。我把他拉進茅屋，輕輕地對他說：

「玉蘭姐有樣東西送你。」

他連忙問是什麼？我便從荷包裏摸出一個紅紙包交給他，他連忙打開來看，原來是一束烏黑的頭髮，他往稻草上一坐，眼淚便像斷了綫的珍珠樣地一顆顆滾下來。

三

過年以後，伯父就帶我進城唸書，我很難得下鄉，他也難得進城，我們見面的機會很少。而城裏又眞是一個花花世界，簡直使我目眩神迷。我有很多新同學，新朋友，男的和女的。我玩得昏頭轉向，快樂得像屋簷上的麻雀，我忘記了松梅的眼淚和玉蘭的哭聲。

一天，松梅跟着大夥進了城，他仍然穿了一套破藍大布掛褲，破爛的布鞋，他連鬍鬚也沒有刮，臉頰兩邊和嘴唇上下像地裏的黃豆樁子，一副潦倒的鄉下名士派頭。

我以爲他進城有什麼要事，便急切地問他，他却笑着搖搖頭：

「我天天晒網，有個鬼事？我是特爲來看看你的。」

聽了他的話我心裏有點慚愧，我簡直沒有想到下鄉去看看他，他却專門跑進城來看我了。

我伯父看見他這副樣子，有點不順眼，便以長輩的口吻對他說：

「松梅，你文不能應舉，武不能挑擔，莊稼不願做，三國紅樓又不能當飯吃，將來怎樣過日子？」

他淡然一笑，沒有回答。

我怕他挺在那裡受窘，便拉他上街去玩。

鄉下只有牛車，沒有人力車，他常常帶我坐牛車，我也想報答他一下，帶他坐坐城裡的人力車，人力車的喇叭波波叫，很好玩。

可是，當我叫住一輛人力車時，車伕先看看我，然後又打量他穿得破破爛爛，我從荷包裏掏出錢來，在手上揚了揚，車伕才改變笑容把我倆拉走了。

我忽然想起「方石滾」木香，我便問他：

「你現在是不是和木香同房？」

「不，」他搖搖頭說：「我一直睡在牛欄屋裏。」

「你不怕挨罵？」

「讓他們罵，我不理。」

「你見過玉蘭姐沒有？」

他黯然地搖搖頭。

「不知道她現在怎樣了？」我也有點想念她。城裏的女人雖然穿得好，但我還未見過她那麼聰明漂亮的女人。

「聽說她上過一次吊。」他紅着眼睛說。

我不禁一怔。「沒有死吧？」

「大概是閻王不收，被王家的人救活了。」

這時車伕突然按了幾下喇叭，波波幾聲，我才知道他已經拉了不少路，連忙把脚一跺說：

「下車，下車」

車伕把車桿放了下來，擦擦汗，我問他多少錢？他把食指一伸說：

「一毛！」

「怎麼要這許多？」我有點奇怪。我和伯父一道坐過很多人力車，比這更遠的路伯父也只給五分錢，車伕還要打躬作揖說多謝，因爲五分錢可以買一升好晚米，夠他吃一天，這分明是敲竹槓。

我太小，不敢和流氓車伕爭吵，松梅不服氣，說車伕不應該敲竹槓，車伕歪着眼睛對他說：

「你也不痾泡尿照照自己？你這個鳥樣子也配坐車？沒有錢就不要開這個洋葷！」

「你不要狗眼看人！」松梅警告他。

「老子還要打你這個鄉巴佬！」車伕野得很，眞的朝松梅當胸一拳。

松梅抓住車伕的手腕，順勢用力一扯，身子一旋，車伕跌了一個狗吃屎，半天才爬起來，嘴巴出了血。

我怕車伕拚命，拉着松梅走，可是他不動。車伕看了他一眼，擦擦嘴上的血，馬上見風落篷，向他拱手一笑：

「對不起，我看走了眼，這趟車錢不要了。」

說着他拉起車子就走，我把票子塞給他，糾纏了半天，他才收五分錢。

車伕走後我笑了起來，我心裡非常痛快，我有兩三年沒有看見松梅和別人摔跤，想不到今天在街上和人力車伕眞的交了一手，免得我挨一竹槓。

「四叔，不要笑，人的眼睛眞比狗眼睛還勢利。」他感慨地說。

我點點頭。在城裏我又懂得不少事，我覺得城裏人比鄉下人更勢利。

我們經過一家鑼鼓店，門口掛着胡琴、笛子、簫和各種鑼鼓。他突然停了下來，望着笛子和簫，不忍離去。

「你要不要試試？」我慫恿他說。在鄉下只有我父親和他能吹笛子和簫，但我父親年紀大了，不再愛吹。他却時常坐在水邊的柳樹根上吹，笛子和簫的聲音在水面飄過特別好聽。玉蘭跪在水邊洗衣時常常聽得出神，忘記了洗衣。我也常常聽得傻頭傻腦，但我不會吹。有一年三月間農忙時節，有一天他獨自坐在柳樹下吹笛子，他父親一氣，從他手上把笛子搶了過來，往地上一摔，三脚兩脚踹得稀爛，從此就成絕響了。

他聽我這樣說便走了進去，起先伙計也是愛理不理地取下兩枝普通的笛子和簫，後來他一吹，老板聽了一笑，馬上親自取下兩枝好的笑着遞給他：

「貨賣識家，你試試這兩枝看看？」

他放在嘴上一吹，果然不同凡響，比他原來的那兩枝好很多，他撫摩了一會又廢然放下，老板笑着問他。

「怎麼？你嫌不好？」

「對不起，我沒有錢。」他抱歉地說。

老板也廢然一笑。我摸摸口袋問老板一共要多少錢？老板指着松梅笑道：

「他是識家，我算公道一點，兩塊錢。」

「一塊五行不行呢？」我掏出票子和分洋往櫃台上一放：「我只有這麼大的家當。」

老板望着我一笑，慢慢地用油紙捲起那兩枝笛子簫，遞給我說：

「小老弟，你也算是一個知音，我就半賣半送好了。」

我拿起笛子和簫拖着松栫走了出來，然後把笛子和簫往他手上一塞：

「你帶回去吹。」

「四叔，我眞不知道怎樣感激你？」他喜悅得滾出兩顆眼淚，眼眶上像掛着兩顆閃亮的珍珠。

四

以後我像一隻長了翅膀的鳥兒一樣，越飛越遠，和松梅的距離也越拉越大，八年抗戰連信也沒有和家裏通過一封，自然更不知道松梅的情況了。

勝利後我又像個游魂一樣突然回到鄉下，事先誰也不知道，很多人見了面也不認識我，而且我又是穿了一身老虎皮，鄉下人都有點怕。回到家裏只有母親的老眼沒有昏花，她叫了一聲「兒——」才把大家提醒。

當時我家裏有好幾個三五歲的毛孩子，我一個也不認識，其中有一個胖胖的小男孩，我覺得有點特別，我指着他問母親：

「這孩子是誰的？」

「松梅的。」母親笑着回答。

我聽了又驚又喜，大聲地說：

「怎麼？松梅和木香和好起來了？」

母親嘆了一口氣，望了四周一眼，看看沒有外人，才幽幽地說：

「越來越壞了，這孩子是個野種！」

我幾乎跳了起來，木香那麼一個笨人，還會做出什麼不規矩的事來？

「看不出木香那個『方石滾』，丟了我們黃家這麼大的人！」我慨嘆地說。

「唉！眞是作孽！」母親嘆了口氣說：「木香就是因爲方，因爲笨，才出了這樣的事情。那年東洋鬼子來的時候，老的少的都躲掉，只有她一個笨人沒躲好……想不到東洋鬼子竟給松梅留下這麼一個孽種！」

我耳朵裏嗡的一聲，像要爆炸，我眞沒有想到會有這回事？而且居然落在松梅的頭上？我下意識地望望那個孩子，那孩子眞的一點不像松梅，倒很像和我在戰場上交手的那些又矮又壯的傢伙。

我回家的消息像長了翅膀和腿子似的，很快地就傳了出去，松梅第一個趕來看我。

當他一進門，那個小孩就衝上去喊了他一聲：「爹！」松梅厭惡地瞪了他一眼，沉聲地說：

「滾回去！」

於是那孩子眞的哭着跑回家，一邊哭一邊喊媽。

我自然裝作不知道這件事。

松梅蒼老多了，一身襤褸衣服，趿着一雙破鞋子，脇下夾着一本破水滸傳。

「四叔，想不到你一下子長得這麼高了？你怎麼會棄文從武？」

「那時國破家亡，那有心思讀書？」我說。

「現在好了，東洋鬼子打平了，總可以過幾年太平日子，你這次回來了不再出去吧？」

他望着我的臉上說。

「還要出去，」我輕輕地對他說，生怕被母親聽見：「三兩天就走。」

他悵然若有所失。

我走的前一天晚上，他突然取出了那兩枝塵封的笛子和簫，笑着對我說：

「四叔，我有好幾年沒有吹了，今天吹給你聽。」

於是，我們一同到水邊的那排柳樹下去，我們肩並肩地坐着。

他先吹笛子，聲音淸越嘹亮，比他以前自己的那枝笛子好聽得多，這樣美妙的笛音，我只在甘棠湖邊的柳蔭下聽見一個五十多歲的道人吹過，吹得眞好，十多年來我都沒有淡忘，今天他是第二個吹得那樣好。

可是吹簫時却是另外一種音調，聲音幽雅，低沉而淒迷，有時竟細若游絲，如泣如訴。秋天，早黃的柳葉一片片飄落，落在他的身上，落在我的身上。上弦月黯淡的光照着我們，照在他的黑大布破夾襖上，照在他雜亂暗黃的頭髮上、鬍鬚上，他的臉色更顯出營養不良的焦黃，和黃柳葉的顏色很相像。

「松梅，不要再吹了。」我輕輕對他說。

「四叔，幾年不吹，荒了。」他放下簫說。

「不，你吹得很好。」我說。

他黯然一笑。我突然想起玉蘭，忍不住問：

「玉蘭姐現在怎樣了？」

「哦，出家幾年了！」他惘然地說：「她現在不叫玉蘭，叫清眞，住在三清庵裡。」

我也哦了一聲，我想不到她眞的出家了。我以爲那天是一句憤激之言呢！

第二天我離家時，不要任何人送，只讓松梅送我，因爲我要他帶我去三清庵看看玉蘭。

可是他不肯進三清庵，停在老遠的大樹下等我，我問他爲什麼不同我一道進去看看她？

他說：

「我們這一生快完了，讓她清清靜靜修修來生吧！」

我不能勉强他，只好一個人進去。

玉蘭完全不認識我，我也幾乎不認識她。她穿着一身灰色的尼姑衣服，光頭上齊齊整整地燒了六個疤，但她看起來還是很漂亮，的確是我見過的最漂亮的尼姑。

我爲了不使她勾起傷心往事，決定不暴露身份，只默默地抽了一枝籤，放下幾個香錢，便走了出來。

當我再和松梅會合時，他禁不住問了我一些有關玉蘭的事，我照實告訴他，他重重地嘆了一口氣。

「這些年來你一直沒有見過她？」我問。

他搖搖頭，搖落了兩顆眼淚。過後他又感慨地說。

「四叔，可惜我只讀三年書，沒有曹雪芹的筆墨，不然這些年來我就可以寫一部書；更可惜的是你已經棄文就武——」

的確是，我學的一點稍息、立正和步兵操典，怎麼能和曹雪芹比？假如松梅有幸讀我同樣年數的書，也許他眞可以直追曹雪芹。可惜他沒有我的幸運，而我又不成材，我還有什麼話好說！

我們這次一別又是十幾年了，假如他能熬過這一段苦難歲月，假如也能和我再見，我相信他會這樣對我說：

「四叔，不然這些年來我又可以寫第二部書，可惜我只讀三年書！」

這世界只有我一個人知道他的痛苦和委屈。

原載香港「今日世界」

客從故鄉來

劉思漢的獨生子劉光華二十年前在臺大戴上了方帽子，便一帆風順地去美國深造，十五年前取得了博士學位，找到了很好的工作，而且娶了一位美國太太，變成了華裔美人。十年前劉光華又將隻身在臺的老父接到美國奉養，劉思漢又自然取得了美國公民身份。

劉思漢大我十歲，和我是忘年交，我們兩人是在抗戰時期共患難的朋友。他是一位很有正義感和愛國心的人，我們兩人有點臭味相投，承他不棄，把我當作小老弟看待。我們經過九死一生來到臺灣之後，有幸重逢，自然更非泛泛之交了。當年我以無可奈何的心情送他去美國投靠兒子，他在上飛機之前還對我講了這麼一句話：

「如果萬一有什麼困難，記得你在美國還有我這個朋友。」

我非常感謝這位老大哥的好意，但是我從來沒有想去美國寄人籬下。他到美國定居後還時常有信來。近年書信雖然不多，但中美斷交後他又連寫了幾封信給我，對我十分關切。最後一封信說他要回大陸老家去看看，因爲他有一個女兒留在老家，當年兵荒馬亂，他只匆促地帶著一個兒子逃出來，太太女兒都沒有帶。他今年七十歲了，他始終耿耿於懷的是對這個女兒內疚太深，如果不見她一面死也不能瞑目。他太太是老早去世了，當然他也想去太太墳前祭掃一番。他在信中還好意問我：「需不需要我去你府上看看？」

我家裏沒有什麼好看的，早已家破人亡了。四年前我父母八十大壽時我曾經寫過一封信回家去探問，這是二十多年來的第一封家信，三個多月後才接到最小的弟弟的回信，我離開老家時他才八歲，他是抗戰時我離家後才出生的，我們兄弟最初一次也是最後一次見面也是在兵荒馬亂的時候，二十多年來他根本不知道我的死活。我的信輾轉送到他手中時他十分意外。他來信告訴我說父母去世已經十多年了，弟兄分散，只有他一人還在原籍生產大隊，他只告訴我三弟患了肺病，沒有說他在什麼地方，希望我寄點錢給他治病。我寄了一點錢請他轉給三弟，同時代我買點紙錢在父母墳前焚化，另外，還附了一張照片。這以後一年多沒有再接到他的來信，我暗自躭心，恐怕替他惹了大禍。果然，一年多後他來信說：

「在黨的照顧下，我學習了一年整，所以沒有給大哥寫信。」

在什麼地方「學習」？他也沒有講，只是工作已經改變了，比從前更差。從此我不再寫信給他，我死了這條心，我不忍再給他增加痛苦。因此我寫信給劉思漢說：

「謝謝你的好意，只是父母早已去世，弟兄各自東西，沒有什麼好看的了。」

劉思漢是否眞的回到黃陂老家？以後沒有消息。

一天，我突然接到他從香港打來的長途電話，告訴我他要來臺北，和飛機到達的時間地點。

我提前趕到桃園國際機場去接他。這是我第一次來到這新落成的大機場，使我有點眼花撩亂。

等了將近一個小時，我才發現他從出口處魚貫出來。他沒有帶任何行李，只隨手提了一口〇〇七小提箱，完全不像一個出遠門的人。他的頭髮已經全白，臉上也有很多皺紋，本來就相當清瘦的他，現在看來更像生了一場大病。

我擠上前去迎接他，他看了我很高興，打量了我一眼說：

「老弟，眞高興，你還是十年前的樣子。」

「歲月不饒人，老了。」我說。

「老弟，我才是眞的老了！」他嘆口氣說：「這次回到老家，使我一下子老了十年。」

「那是怎麼回事？」

「一言難盡！」他黯然一笑：「待會兒我們慢慢談吧。」

他好奇地向周圍打量一番，然後對我說：

「眞想不到，臺灣有這麼大這麼漂亮的機場！」

「比別的國際機場如何？」我問他。這些年來他不但遊遍了美國，也去過歐洲、澳洲、中南美洲。

「也許」。

「一點也不遜色！甚至更好。」他說：「恐怕臺北改變得我已經不認識了。」

「這些年來你的情況怎樣？」

「托福，比以前好多了。」

「看你的樣子，我也猜想得到。」

計程車排著長龍等候客人，川流不息。眞不知道那裏來的這麼多人，這麼多的車子？我們等了很久，還擠不上前，他突然感慨地對我說：

「你也許想不到，我們整個黃陂縣，只有四輛小汽車。」

「這樣落後？」我眞的沒有想到。

「比三十年前我離開家鄉時還差勁。」他說。

一輛紅色的計程車依序開到我們面前，我拉開車門正想讓老朋友上去，司機問我：

「到什麼地方？」

我說到臺北，他才讓我們上去。劉思漢覺得司機太神氣，似乎想問我什麼話，我輕輕告訴他說司機不願載短程客人，他感慨地說：

「有錢賺還嫌少，在大陸上做夢也想不到。」他說。

「其實他們比我賺的多很多。」我輕輕對劉思漢說，生怕司機聽見。

「這才是勞工神聖，」劉思漢說：「西方社會也是這種情形。巴黎掃街通陰溝的黑人，比大學教授賺的還多，美國也是如此。」

「我眞是孤陋寡聞，」我自我解嘲地說：「你這樣說來，我應該心平氣和了。」

車子在平坦的柏油路上風馳電掣地向臺北急駛，綠油油的稻田，青青的山巒，高聳的樓房，家家屋頂佈滿了電視天線，公路上的車子一輛接著一輛往來飛馳，川流不息，他偏過頭來對我說：

「眞想不到，這和我當年在臺灣時大不相同！」

「現在你總可以和我談談你的『回歸』了吧？」我開玩笑地說。

「你怎麼對我使用『回歸』二字？」他不以爲然地說。

「對不起，老大哥，我是和你說著玩的。」我連忙道歉。

「我是爲了親生骨肉和結髮糟糠才回去看看的，可不是響應回歸運動。」

「那你是怎麼去的？」

「坐飛機。」

「一個人還是和兒子一道去的？」

「光華沒有空，我是單人匹馬去的。」

「你這麼大的年紀，他放心？」

「我不但是一個人去，我還帶了七大箱衣服和四千美金。」

「你又不是善後救濟總署，帶那麼多東西幹什麼？」

「老弟，你不知道他們怎樣窮法，現在我眞後悔我帶少了。」

「你總不能把紐約的東西都搬回大陸去？」

「那當然辦不到。其實我那七大箱衣服也不是在紐約新買的，都是自己家人穿舊了的東西。」

「你怎麼好意思把舊衣服帶回去送人？」

「老弟，這你又想不到！」他向我笑說：「你以爲舊衣服沒有人要，我那些親戚本家却當寶，還有些八竿子打不到的親戚從幾十里外趕來向我討呢！」

「照你這樣說來，我家鄉情形也差不了多少？」

「吃飯憑糧票，做衣服憑布票，貴地又怎麼好得了？」他望望我說：「不瞞你說，我送我女婿一件我穿舊了的開士米隆背心，他高興得跳了起來，說要留著會客。」

「你女婿是幹什麼的？」我想他女婿是生產大隊的。

「中學教員。」

「中學教員怎麼會這樣土？」

「說眞的，他連見都沒有見過。」

「他多少錢一個月？」

他不立卽回答我的問題，反而輕輕問我：

「從中正機場到臺北的計程車費多少？」

「如果照錶跳，規規矩矩，大概不會超過五百，但是司機多半不按規矩來，因此有要價六七百的。」

「現在臺幣和美金的滙率多少？」他問。

「官價三十六。」

「那我女婿一個月的薪水，只夠我這一趟黑市計程車費了。」

「這趟計程費是小意思，不管多少，我請客。」

「你倒大方！」他向我笑笑：「老弟，說出來不怕你見笑，因爲我帶的東西多，我女婿從黃陂僱了一輛車子到漢口來接我，車費要我自己出！」

「那怎麼好意思？」

「怎麼不好意思？」他反問我：「他先向我聲明：他僱車子來的車費還是鄰舍七拼八湊借給他的，如果我不付錢就回不了黃陂，你說我付是不付？管仲說『衣食足，然後知榮辱。』他吃都吃不飽，那有錢請我坐汽車？」

「這我實在沒有想到。」我搖搖頭。

「你想不到的事兒還多呢！」

「你說說看？」

「我回家的第三天，我女兒女婿和一些親戚本家，非常熱情地要請我上館子，我還以爲是我送他們的那許多舊衣服發生了感情作用，他們要回報我一下。想不到上了館子我女兒才對我說：『爸爸，我們只能憑糧票出我們名下的一份，你出你自己的一份，我們很久沒有吃肉，你最好慷慨一點，請我們大吃一頓。』

「起先我一怔，後來一想，我隨身帶了四千美金，準備走時再分給他們，既然他們借機會要我請他們上館子，我就慷慨一下好了，因此我對他們說由我一個人請客，他們不必出份子，他們都高興得跳了起來。」

「這眞是從何說起？」我對他說：「醫生說我膽固醇高，超重，我連肉都不敢吃，飯也吃得很少，只吃空心菜、豆腐。」

「天下就有這樣的怪事，那天他們猛吃蹄膀、肥肉、盤子裏的油水他們還用飯粘光，我女婿就吃了五大盌飯，一個讀書人居然比我家當年的長工的食量還大，你想不想得到？」

我笑著搖頭，我每頓只吃一盌飯。

「還有更妙的事！」說著說著他也忍不住笑了起來。「桌上的飯菜一掃光之後，我以爲可以到此爲止了。想不到大家不約而同地從口袋裏掏出一個髒兮兮的塑膠袋來，搶著把飯裏的剩飯往塑膠袋裏塞，我女兒女婿也不例外，我看看實在太不像話，這那像讀書人的行徑？我實在忍不住，對女兒大聲咆哮：『好了！好了！我劉家祖宗八代的人都被你丟光了！簡直是個叫花子……』大家都楞住了，呆呆地站在那裏，我女兒突然撲通一聲，跪在我面前，大聲哭了起來：「爸爸，請您原諒我，我一家大小實在餓怕了，你就讓我們叨叨您的光吧！……』結果我和女兒抱頭痛哭，大家不歡而散……」說到這裏劉思漢早已老淚縱橫，泣不成聲，我一時不知道如何是好？計程車司機回頭望望我們，不知道出了什麼事？我生怕他分心，惹出車禍，客氣地對他說：

「請你開慢一點，不急。」

「你不急我急，我還想趕下一趟呢！」司機不客氣地答。

劉思漢擦乾了眼淚，我不想再和他談故鄉的事，雖然我沒有回家，親眼看見自己的家人搶飯，但是越想越難過，連信也不敢再寫。

沉默了一會之後，劉思漢又自動講起來：

「我回老家第一件心事是看女兒，女兒總算看到了。第二件心事是上墳，看看內人埋在什麼地方？同時我要向列祖列宗磕幾個頭，好了我的心願。你知道我今年已經七十了，來日無多，不能白跑一趟。」

「你看到沒有？」我問。

「他們帶我去過祖墳地，但是我什麼也沒有看到。」

「怎麼會看不到呢？」

「墳都剷平了，我看到的是一片青苗。我不相信這是我家的墳地，因此我問女兒墳怎麼不見了？她說墳剷平了種莊稼。我問她：『棺材呢？』她說：『棺材作了水桶、洗臉盆，您這幾天洗臉的盆子就是祖父的棺材板做的，我一直瞞著您不敢說。』聽了女兒的話我差點暈倒，他們夫妻兩人連忙把我扶住。……」

「好了，別講了。」我連忙阻止他再講下去。

「老弟，我不講你不知道！」他擦擦眼角又接著講下去。「我問女兒：『你媽的骸骨在什麼地方？』她哭著頓頓脚：「就在我們的脚下！』這次我眞的暈倒了。第二天我就離開黃陂到漢口。」

「漢口現在怎樣？」

「還不是老樣子！」

「你帶了那麼多東西回去，怎麼不帶點東西出來？」我望望他的〇〇七說。

「不瞞你說，這口〇〇七還是昨天在香港買的。」

「你身上帶了那麼多錢，怎麼不多買點應用的東西？」

「我帶了四千美金回去，只留三百美金出來。不瞞你說，我現在連手錶都沒有了！」我這才發現他手腕上空空如也。

「是不是在漢口被扒手扒走了？」我還記得民國二十七年初到漢口時被扒了一枝鋼筆，勝利後再到漢口又被扒走了旅費，因此想起漢口的扒手。

「那倒不是，」他搖搖頭。「是我女婿。」

「怎麼？是你女婿扒的？」我衝口而出。

他望了我一眼，又淡然一笑：「老弟，你也六十了吧？怎麼還是這個急性子？」

「這就叫做江山易改，本性難移。」我也笑著囘答。

「我說了我女婿是教員，他搶飯是我親眼看見的，不能否認，說他當扒手那就是冤枉他了。」

「是你自動送給他的？」

「那也不是。」他搖搖頭。「我戴了二十多年的阿米茄，怎麼捨得送他？」

「你眞把我弄糊塗了！難道你的手錶會自動跑到你女婿手上去？」

「事情是這樣的：我臨走的時候已經兩袖清風，我女婿突然望着我的手錶兩眼發呆，我很生氣地對他說：『現在我只剩一身老骨頭了，你還想要什麼？』他可憐巴巴地對我說：「爸爸！我沒有手錶，上課老是弄不準時間，你這隻老錶送給我好不好？』我對他說：「我給了你錢，你不會買？』他哭喪著臉說：『爸爸，你不知道，黃陂縣沒有錶店，黑市手錶又貴得駭人而且沒有好貨，你的舊錶送給我不但管用，而且我也不犯嫌，你囘美國再買也很方便，送佛送到西天，你就送給我吧？』你看，我還有什麼話好說？我只好取下來交給他了。」

我不禁啞然失笑。

車子到臺北時已經萬家燈火，他看見燈光如海，車子擠得水洩不通，他便對我說：

「這和漢口完全不同。」

「有什麼不同？」

「漢口的燈光那有這麼亮？那邊車輛稀少，這邊的汽車比漢口的脚踏車還多，臺北的女人萬紫千紅，花枝招展，漢口的女人也是清一色。」

「眞沒有想到！」

「你想不到的事兒還多，到了旅館我再和你慢慢談。」

「不必住旅館，就到舍下盤桓幾天。」我知道他身上不會剩多少錢，也許不夠住兩天旅館，因此我決心留他在舍下多住幾天。

「方不方便？」他遲疑地問我。

「我現在住的不是眷舍，用從前的老話說是洋房，現成設備，一切都很方便。」

「老弟，你發財了？」他高興握住我的手。

「我怎麼會發財？」我笑著回答：「我過的是普通水準的生活，不能和有錢的人比。」

「這眞是兩個世界！兩個世界……」他喃喃自語。

車子花了四十多分鐘才開到我家門口。他見了我一家人十分高興。我從冰箱拿出西瓜來給他解渴，他又打量了我客廳一眼，然後望著我說：

「老弟，現在我眞不知道說什麼好？」

「不必說了」，我搖搖手。「比起有錢人來，我的家眞是寒舍。」

「你這種寒舍，我女兒女婿做夢也想不到。」

他一邊吃西瓜又一邊打量，吃完西瓜之後，我催他先洗個熱水澡再吃飯。他走進洗澡間後突然伸出頭來對我說：

「我現在才想起我連換洗的衣服都沒有，你可不可以借一套給我穿穿？眞是的，這次回到黃陂，像大水冲了一樣。」

「沒有問題，衣服多的是，你放心洗好了。」

我隨卽拿出一套換洗的衣服給他：

「下次你什麼時候再回黃陂？」

「今生今世再也不會回去了！」

他嘆了一口氣，把洗澡間的門輕輕關上。

—原載六十八年六月三日中央日報副刊

丹麥寡婦

陽春三月，歐洲還是春寒料峭。

波音七四七從巴黎直飛哥本哈根。一萬公尺以上的高空，萬里無雲，蔚藍似海，但比海面柔和、平靜，那該是一個無聲的世界，沒有爭吵，沒有喧嘩，沒有污染，如果眞有所謂天國，那大概就是天國了？可是從窗口鳥瞰地球，鳥瞰這個芸芸衆生的大千世界，卻隔著一層厚厚的白雲，如白色的波濤，洶湧壯濶，隅而從裂開的雲縫中，瞥見地球的一角，它是那麼渺小，看不見人類，更分不出誰大誰小？在飛機中有一種暫時超脫的感覺，這是在地球上很難得到的一種感覺。

在高空中大約兩個小時的翺翔，是一次特別平穩、輕快的翺翔；飛機終於突破白色的雲層，漸漸下降，在水平面上的哥本哈根，地勢是那麼低平，彷彿一陣波濤就可以把它淹沒。

我又回到擾攘的地球，回到喧囂的人間。

哥本哈根是一個陌生的城市，和羅馬，翡冷翠、米蘭、威尼斯、蘇黎世、日內瓦、巴黎一樣陌生，但這是一個友好、和平、寧靜的城市，卻看不見黃色面孔的城市。而我這個來自遙遠的地球的那一邊的黃面孔，並無陌生的感覺。

我住進中央火車站的一家旅館。這家旅館十分安靜，安靜得不像旅館，像個上流社會的家庭。帳房和善而有禮貌，連提行李的十四、五歲的男孩也彬彬有禮，使我覺得眞的到了禮義之邦，英語幾乎成了他們的國語，普遍而流利。

我在櫃台上拿了一份導遊指南，因爲這還是三月底，有很多地方要到四五月間才開放，可玩的地方不多，而我的時間也十分有限，只參觀了附近的蠟像館，這也是我第一次進入蠟像館。

因爲我急於要和一位某先生聯絡，匆匆看了一篇之後又回到旅館打電話，還是打不通。我不知道出了什麼毛病，便請教帳房，怎樣可以到達那個地方，我準備親自去找。

這是一個郊區，要坐三十分鐘以上的火車，比台北到桃園還遠一點。

天氣相當冷，頗有雪意，從灰黯低壓的雲層和刺膚的寒風中我感覺得出來。雖然在台灣二三十年沒有下過雪，但我的經驗和本能使我還沒有喪失這份判斷和敏感。

中央車站人並不擁擠，大家從容地上車，人人都有坐位，還空了不少，小學生在車廂裡蹦蹦跳跳，臉龐凍得像熟透了的蘋果，紅彡彡的。他們十分活潑健康，但不胡鬧。丹麥婦人多穿著馬靴重裘、體型高大，但很穩重端莊，一點也不輕眺，與我們所想像的恰好相反。

果然，窗外飄起雪花，使我十分驚喜，快三十年了，沒有見過雪花飛舞，我這次到哥本哈根就是爲了賞雪，總算沒有白跑一趟。

丹麥人看見下雪一點也不驚喜，他們是司空見慣，習以爲常，不知道我這個來自亞熱帶的外國人內心多麼高興？

沿途都是小站，有人上車有人下車，他們都是那麼從容不迫，優哉遊哉，我想起台北擠車的情形，眞羡慕他們這份輕鬆悠閒。

寒風夾著雪花十分强勁，下了車四顧茫然。這是一個鄉鎭，房屋不多也不高，都是一樓一底的花園式住宅，很少店舖，我拿著地圖一面問一面找，路上行人很少，但丹麥人眞的很友善，有問必答，沒有一點不耐煩的樣子，也一點不歧視我這個來自台灣的中國人。

雪在飛舞，風在噓噓地吹著口哨，家家緊閉着門戶，冷冷清清，靜靜悄悄，作圍牆的多青樹上已經蓋上一層白雪，我很喜歡這樣寧靜優雅的住宅區，但是今天我卻希望多碰見幾位本地人。

走了半天，才發現兩個工人在馬路上修理路面，我連忙請教他們，一個粗壯的工人向附近的一座兩層花園樓房一指說：

「就是那一家。」

我謝謝他們，我很高興，我終於找到了。

我找的人我並不認識，他的生活情形我一點也不清楚，他的姓名和住址對我來說只是兩個符號。

多青樹作的圍牆門雖設而未關，我想這地方該是道不拾遺夜不閉戶的，我的家鄉就是如此，丹麥人很富足，街上看不到乞丐，也沒有遊手好閒的人，應該是個人間樂園。

我敲敲門，一位十來歲的男孩子把門打開，看見我有點驚訝，我向他說明來由，他馬上向樓上叫了一聲媽，一位三十多歲十分樸素的婦人慢慢走下來，我又向她說明來意，她一面走一面回答：

「密斯特Lan 已經搬走了。」

我聽了一楞，大失所望。我離開台北時他服務的機關給我的地址和電話號碼，到現在不到一個月怎麼會不是這個地方？

「搬走了多久？」我問。

「已經兩三個月。」她一面回答一面招呼我坐下，顯得很親切。因爲她家裏過去住了一位台灣來的中國人，今天又見到我這位中國人，頗有客自遠方來的喜悅。

客廳裏有三個差不多大小的孩子在玩積木什麼的，她爲了和我談話，叫他們不要打擾，小孩子很聽話，果然不玩，專聽我們兩人談話。

「他搬到什麼地方去了，你知不知道？」

「眞抱歉！」她聳聳肩，無可奈何地一笑：「他沒有講，連電話號碼也沒有告訴我。」我心裏覺得過意不去，這眞是一個怪人。這麼好的房東，怎麼說走就走，不留一句交代的話？

「那我沒有辦法找到他了？」我失望地說。

「張先生，眞抱歉！」她十分歉意地說：「你老遠從台灣來，既然找不到你的朋友，有什麼事，我能不能幫上忙？」

「謝謝了，我只是想請這位朋友打個電話到紐約去，因爲我臨時改變行程，要去倫敦，沒有什麼事要麻煩你的。」

「哦！」她突然想起什麼事似的站了起來了，「密斯特Lan在郵局有個信箱，他每天要去郵局取信，我陪你去那邊看看。」

「那怎麼好意思？郵局遠不遠？」我也站了起來。

「不遠，」她輕鬆地一笑：「我開車送你去。」

我進來時沒有注意到她有沒有車子？不過，我一點也不驚奇，我所到過的歐洲國家幾乎家家都有車子，丹麥國民平均所得超過六千美元，家家有車自然更不足奇。這個國家不像台灣，沒有車子眞不方便，所以我來時只好走路了，因爲叫不到計程車。

她隨卽走上樓去，過了一會，穿了一件大衣下來，還圍了一件紅絲巾，頭髮也梳理了一下，雖然沒有撲粉擦口紅，但看來整齊多了。

她不是一個怎麼漂亮的女人，身材也不像別的丹麥女人那般高大，她實際的年齡可能比外表還小，因爲白人的皮膚沒有黃人的細膩，容易見老。如果和中國女人相比，可以看到四十歲。但她禮貌週到，風度很好，也比東方女性大方。

她下樓來對三個孩子交代了幾句，便對我說：

「張先生，我們走吧。」

「這眞謝謝你了。」我十分感激地說。這樣的雪天，她居然自告奮勇地開車送我到郵局去找人，是我事先沒有想到的。

「別客氣，你是遠客，十分難得。」她誠懇地說。

她的車房就在大門外邊，像個庫房，她打開車房，迅速的把車子開了出來，是一部灰色的旅行車，車身比轎車長。她開到我面前停住。把車門打開，笑着對我說：「雪很大，請快點進來。」

地上已經一片白，變成了一個銀色的世界，快三十年了，我沒有看見這麼一片銀色世界，不禁向窗外多看幾眼。她也好奇地問我：

「你沒有看過下雪？」

「在故鄉年年都看到下雪，在台灣沒有看過。」

「台灣不下雪？」

「台灣是個寶島，四季如春。」

「那是個好地方！」她羨慕地說：「你看，現在是三月底了，哥本哈根還在下雪。」

「在我故鄉，這叫做春雪，也叫做桃花雪。」我說，我記得民國二十七年清明以後，還下了一場大雪。

「你的故鄉在那裡？」她又好奇的問。

「在長江邊上。」

「聽說那也是個好地方？」

「可是現在不比當年，現在的老百姓很苦。」

「我很奇怪，共產黨國家就沒有一個是好的？」她把車子開上馬路，又偏過頭來對我說：「就以俄國來說吧，比我們丹麥的生活水準差遠了。」

「一點也不錯，」我點點頭。「中國大陸比俄國還糟，你們是福利國家，[illegible]國家，你們丹麥是人間天堂。」

「以我來說，雖然我先生去世了，我的生活和孩子的教育，一點沒有問題。」

「啊！你先生去世了？」我沒有想到她是個寡婦，我還以為他先生上班了，或是出海了。

她黯然地點點頭，但沒有憂慮。她兩眼注視前方，車開到了一個轉彎的地方。

雪越下越大，路上沒有行人，也沒有別的車輛，使這個小鄉鎮顯得更加寧靜，更加冷清。

她的技術很好，車也很好，走在雪地上沒有一點聲音，只有我們兩人嘴裏呼出的熱氣。

她用抹布擦擦玻璃上的水珠，又回過頭來問我：

「張先生，你受不受得住哥本哈根的寒冷？」

「我本不是生在亞熱帶的，這點冷還沒有問題。」說也奇怪，在台北，冬天裏我穿這一身衣服，一遇上寒流還覺得有點冷颼颼的，在哥本哈根的大雪天，我還是穿這麼多衣服，並不覺得怎麼冷。

「照你說，台灣既然四季如春，那不但很舒服，老百姓的生活也一定很幸福了？」

「你知不知道台灣眞實的情況？」我反問她。

「我只知道那是一個很遠的地方，也住着中國人，」她很抱歉地一笑：「你們中國是個大國，中國人也了不起。剛才你說中國大陸的老百姓很苦，台灣的中國人生活得怎樣？」

「當然還趕不上你們的生活水準，但比起[redacted]大陸來，台灣是中國人的樂園。」

「奇怪，」她不大了解地一笑，望着我說：「同樣是中國人，怎麼會有不同的結果？」

「這是[redacted]制度問題，」我說。「不但台灣的中國人生活得很好，新加坡、香港的中國人生活得也很好。」

「哦！」她起先一楞，隨後又問：「眞的是這樣？」

「一點不假。」我點點頭。

過了一會，她突然若有所悟地說：

「台灣、香港、新加坡的事我不大清楚，但是俄國離我們近，俄國的情形我比較了解，如果丹麥變成俄[redacted]，那我眞受不了。」

「不但妳受不了，我也受不了。」我笑着附和。

「我們丹麥很小，天氣也冷，但我還是喜歡丹麥的自由、民主、富足。」

「這是你們丹麥人的驕傲。」我說。丹麥人的國民平均所得，比美國人還高，而且沒有種族歧視，她對我這個黃皮膚的中國人這番禮遇，我尤其感激。不然在這個風雪交加的天氣裏，我一個人步行，那是夠受的。

她一面開車，一面和我談話，突然在一個轉彎處斜裏衝出一輛綠色的小轎車，她來個緊急刹車，對方也緊急刹車，對方開車的是位中年紳士，兩人不但沒有惡眼相向，反而相視一笑，而且用丹麥話交談起來，起先彷彿是互相道歉，隨後那位中年紳士打量了我這位坐在她旁邊的中國人一眼，又和她笑談了幾句，又向我揚揚手，點點頭，友善地一笑，才把車子開走。她也繼續開車。

「剛才那位紳士是誰？」我問。「你們好像很熟？」

「他是我們的鎮長。」她說。「他看到你這位來自台灣的[redacted]客人也很高興。」

「謝謝他的好意。」我說。

「不必客氣，」她笑著說：「我們丹麥人就有這點好處。」

「我們中國人也有一句古話：四海之內皆兄弟也。」

「妙！」她笑着點頭。

車子在一個小郵局門口停下。她帶我走進郵局；郵局裏共有兩位年輕的小姐在工作，她向她們說明來意，其中一位身材頎長、明眸皓齒的小姐和她交談了一會，她便轉身對我說：

「你的朋友今天上午來取過信，明天來不來就不知道了，」

「謝謝你，那就算了。」我說。

「我留張字條給他，」她主動地說：「告訴他你來找過他了。」

她隨卽向那位小姐買了一套信紙信封，伏在櫃台上用英文寫了一張字條，大意是這樣的：

「……你的朋友張先生特地來找你，我不知道你的地址，只好帶他到郵局來，又沒有碰到你，我只好留張字條告訴你，希望你不要使他失望……」

簽名很潦草，我只看清一個K字頭。她寫完之後，封好，塞進她以前房客的專用信箱。然後向那兩位小姐道謝，轉身對我說：

「走，我送你去車站。」

「不敢當，我自已走好了。」我實在不好意思再麻煩她送我。

「別客氣，大雪天，還有一段路，你得走好半天呢！」她一面說，一面拉開車門，讓我進去，我只好坐上原位，她從另一個車門進來，坐上駕駛座。

雪愈下愈大，眞的成了鵝毛片了，風也强勁刺骨。如果她不開車送我，我眞不知道要多久才能走到車站。更糟的是郵局和車站不在同一個方向，路上又沒有行人，無法問路。

本來她的紅絲巾是套在頸子上的，現在她把它包住頭，罩着兩耳，在項下打個結。這樣在平實樸素中也顯出幾分白種人的俏麗，彷彿也年輕了幾歲。

她把車子調了一個頭，然後一直向前開，車輪輕快地在雪地上進行，發出噝噝的聲音。

「張先生，今天你的運氣不好，沒有找到你的朋友。」她忽然惋惜地對我說。

「不，今天我的運氣很好。」我說。

她微微一楞，又笑著對我說：

「這也許是你們中國人的哲學，我這個丹麥人眞不懂你的意思。」

「這也許就是我們中國人的哲學，我的話很好懂。因爲我遇上了你這位好心的丹麥人。」我們中國人的塞翁哲學源自老子的相對論，老子有兩句話：「禍兮福所倚，福兮禍所伏。」由這兩句話演譯而成塞翁哲學，其中自有眞理，平時我遇事也採取這種看法，因此既不患得，亦不患失，但是我怎麼能和這丹麥人談中國哲學呢？那是談一輩子也談不完的，我那有這麼多時間？所以只好直接了當地對她說了。

她聽了開心地一笑，那種助人爲快樂之本的愉快的笑容，把她的有點像凱塞琳赫本的臉型點綴得嫵媚起來了。過了一會兒她忽然問我：

「張先生，我可不可以請教你，你這次到歐洲來，到丹麥來，是公事呢還是私事？」

「私事，」我說。「我在台灣住得太久了，這次出國純粹是見識見識。」

她哦了一聲，隨後又說：

「聽說全世界都有你們中國人，可是在我們丹麥你們中國人少得很。除了密斯特Lan之外，你是我見過的第二個中國人。」

「希望你以後能多見到一些。」

「但願如此。」

小火車終於到了，站上沒有一個客人，只有飛舞的雪花和噓噓的風聲。哥本哈根乃至全丹麥都是一片低地，所以海上吹來的風毫無阻擋，顯得格外强勁。

她把車子停住，打開車門，讓我出來，又看看手錶說，「你等十分鐘就可以上車了。」

我向她說了很多感謝的話，最後才說：

「歡迎你去台灣玩，我會陪你環遊寶島。」

她先是愉快地一笑，隨後又黯然地說：

「我也很想去台灣觀光，可是你知道我先生不在，孩子太小，我走不開。」

她搖搖頭，輕輕地嘆口氣，又向我揮揮手，赫的一聲把車子開走了，開得很快，車輪後面捲起紛紛的雪花，我望著那捲起的雪花，楞了半天。

突然，我想起了我還沒有請教她的尊姓芳名，我欠她這麼重的人情，連她的姓名也不知道，實在太粗心大意了！

雪花漫天飄下來，風聲噓噓，我一個人站在露天小月台上，很快就變成了一個雪人，手足也快凍僵，但我心裡仍然感到異國人情的溫暖。

—原載六十七年四月十八日聯合報副刊

杏林之春

老師：

在台北時想家，回家一年又想台北，我就是這麼矛盾。

在南部找工作不易，我還算幸運，找到了幾個工作，但都幹不久，這也不能怪我沒有耐性，而是社會和學校大不相同，我的遭遇又特別怪，譬如說上一個工作，我剛去上班的第二天，就發現年紀輕輕（不到三十五歲）的老板，已經擁有三個太太，而且都住在一塊，他不過是高工畢業，我却只能當他的英文秘書，而且環境很複雜，我看看情形不對，不到半個月就逃回家來。

我現在這個工作待遇不錯，我本希望長久幹下去，想不到老板娘教育程度太低，又喜歡擺董事長太太的樣子，把我當下女使喚，甚至小女兒的尿布也要我洗，使我不禁自問我是不是十七世紀的下女？那一點像個英文秘書？如果我長久待下去，連我的個性和模樣都會改變了，將來你見了我也會以爲我是一個南部的下女，不是你當年的學生了。因此我決定日內辭職不幹。

陳娟娟上月悄悄回到台北，由於心情不好，不讓任何人知道，可能也沒有去看你？在台北家中住了十多天又悄悄飛往美國。這是林小蘭無意中打電話到她家探問她的情況才知道的，因爲當時接電話的就是她，林小蘭好好地罵了她一頓。

說起林小蘭也怪尷尬的，下個月她就要結婚了！對象是她認爲奇醜而又相當厭惡的劉少山。老師，你說怪不怪？

其他同學的情況我不清楚，恕我無法奉告。

畢業三年，在社會上打了幾個滾，一想起你當年在教室裡向我們講的那許多話，我不禁啼笑皆非。我想我除了下定決心跟你學習寫作之外，眞沒有什麼好幹的，我那四年大學教育是白費了。敬祝

教安

生　朱莉敬上　二月二十日

王作善看到他的得意門生朱莉的這封信，眞有點啼笑皆非。十年前，他懷着掘金礦的心情到S大學教書，十年來他只發現外文系有幾位可造之材，而且都是女生，因爲外文系的女

特別多。女孩子的天分很高，可是毅力恒心都不夠，一出校門，有了工作，或是結了婚，連信都不願寫，更不必說寫文章了。最令他失望的是一位叫做劉小燕的女生，她是他第一年教到的學生，很有創作天才，他如獲至寶，愛護有加，幾乎把他幾十年的寫作心得和知識都傳授她，而且介紹發表她的作品，以資鼓勵，可是她畢業後他不但沒有看見過她發表作品，她連信也不寫一封。因此使他覺得教書比起自己寫作來是太無意義了，他所花的時間和心血眞是白費了！

朱莉、陳娟娟、林小蘭是他第四年教的一班外文系的學生。朱莉長於小說，陳娟娟、林小蘭長於散文，他教他們習作時特別指導她們發揮自己的特長和潛力。朱莉一寫就是一萬多字，課室寫不完又特許她在課外寫。她是一位很有個性和見解的女孩子，課外書讀了不少，眼界相當高。有一年暑假，她曾經參加一個講習會，半途而退。她一畢業，就在台北找到一個英文秘書工作，工作之餘還繼續動筆：一寫好就送給王作善看。好的，王作善便介紹發表，差點就告訴她怎樣改寫。

私人公司的工作很不安定，因爲那時經濟還沒有完全復甦，加之她初入社會，有些情況無法適應，諸如董事長、總經理晚間應酬也要她一道去，說這是業務。有些她可以忍受，有些實在受不了，因此不得不擺擺了。

一年前，有一天她領了稿費，打電話給王作善，約他出來吃午飯，王作善知道她待遇不高，又要租房子，不要她破費，便說：

「如果妳有事，到我辦公室來談談好了，不要亂花錢。」

「辦公室講話不太方便。」她說。

「那我請你好了。」王作善說。

「不必，老師，現在我有錢。」

「是不是中了愛國獎券？」王作善笑問。

「我才不買獎券呢！」

「那你那有錢請我吃午飯？」

「老師，我領了稿費？」她得意地說。

王佳善聽她說領了稿費也很高興，他介紹出去幾篇稿子有沒有登出來？稿費多少？他都不知道。因爲她常換筆名，他記不清楚；自從教書以後，他自己反而很少寫了，甚至一千字多少錢的行情他都不太清楚，因此他問：

「你領了多少？」

「三千多。」

「那倒不錯，妳可以多寫。」

「老師，恐怕以後寫不出來了！」

「爲什麼？」王作善有點驚奇。她還年輕得很，二十四五歲的人，就是說夢話也可以說一大堆，那會寫不出來？他自己年輕的時候，寫作就像打開水龍頭，一提起筆來就停不住，躲警報時在大樹底下一會兒就可以寫一篇，而且沒有現在這麼好的紙張，這麼高的稿費，那時候老作家也只要求斗米千字。現在他五十歲了，感慨太多，往往嘆口氣就稿死腹中，再也不想提筆。她不該未老先衰？他最擔心女孩子經不起挫折。他替她開路她還不寫，當年他是初生之犢不畏虎，獨自闖蕩文壇，一個人也不認識，可是他從不氣餒。她初出茅廬，十分順利，怎麼能不寫呢？

「老師，電話裡講不清楚，見面再告訴你吧！」

約好吃飯地點之後，王作善就把電話掛了。

放下電話之後，他心裡還不大安定。他生怕朱莉也步劉小燕的後塵，從此不再提筆，以前他對劉小燕寄望很高，結果劉小燕完全使他失望，甚至信也不寫一封。他一想起這件事對教書工作就更加灰心。他覺得自己犧牲寶貴的時間上課，批改學生的習作，拿那麼一點點鐘點費太不值得。

朱莉先在餐廳等他。她還是那麼嬌小，和唸書時一模一樣。他本來只想吃幾十塊錢一客的西餐，朱莉說她吃不習慣西餐，便改吃客飯。

「妳剛才在電話裏說恐怕以後寫不出來，是什麼原因？」王作善問她。

「老師，我老實告訴你，我的工作很不安定。」朱莉回答：「目前這個工作我又不想幹了。」

「妳不是剛升副經理嗎？爲什麼不幹呢？」王作善奇怪地問。

「說出來眞笑死人！」朱莉自我嘲笑：「什麼副經理？換湯不換藥！」

「那他爲什麼要換呢？」

「因爲我們公司有兩個老板，最近要拆夥，我業務熟，總經理想挖我到新公司去，董事長不肯放，便升我當副經理。這幾天他們兩人勾心鬥角，同事人人不安，我也左右爲難。」

「妳說說看，他們兩人到底是怎麼一回事？」

「總經理找到了新的財團，那邊資本雄厚，他要我跟他去當業務經理，可是他很滑頭，已經有兩個太太，對女同事還不大規矩。……」

「這種人不能跟他。」王作善打斷她的話。隨後又問：「董事長呢？」

「他一拆夥，董事長就資本不足，而且總經理會挖他的牆脚，公司的前途很不樂觀。」

「那妳暫時騎馬找馬好了。」

「我一年換兩三個工作，實在太不安定，而且私人公司毫無保障。」

「公家的事又很難找。」王作善了解公家機關的情形，一是員額限制，二要有任用資格。她沒有具備當公教員的條件，他也沒有這個能力。

「因此我想回家。」朱莉望望王作善。

「南部的工作機會不是很少嗎？」

「我想回去看看再說，萬一不行再到台北來。」

王作善沉吟半天，對於他這位高足他也愛莫能助，過了一會他說：

「萬一在南部找不到工作，你可以多寫點稿子寄給我，我替妳推出去，零用錢是不成問題的。」

朱莉不作聲，她也在沉吟。過了一會，才吞吞吐吐地說：

「老師，我心裡很煩。」王作善打量他一下，看她還是和在學校一樣，連頭髮也是清湯掛麵，便笑著問她：

「有沒有男朋友？」

「大四郊遊時認識一個。」

「是不是本校同學？」

「不是？」她搖搖頭：「是海洋學院的。」

「他畢業了沒有？」

「現在在當海員。」

「感情怎樣？」

「交往了兩三年，吵了好幾次架。」

王作善聽了好笑，隨後又對她說：

「你們還在作朋友，怎麼可以吵架？」

「他是天生的浪子，天塌下來都不在乎；且又不信邪，嘴巴也不饒人，因此一見面就抬槓。」

「這還交什麼朋友？」王作善笑了起來。

「老師，眞是不打不相識，我們就是這麼交起來的！」

「我眞不大了解你們這一代人的感情。」王作善搖頭苦笑。

「他說他喜歡敢和他抬槓的女孩子。」

「妳呢？」

「我也喜歡他那份瀟洒的浪子性情。」

「交交朋友雖然無妨，但可不宜婚姻。」

「葉麗華就駡我是在玩火。」她坦白地說。

葉麗華也是她的同班同學，她們兩人也在學校附近共住一間寢宅，葉麗華是個很有理性的女孩子。

「葉麗華的話不錯。」王作善說。「妳聽不聽她的？」

「我很矛盾，」她望著王作善說：「老師，你看我該怎麼辦？」

「慢慢疏遠他。」

「不行。」她搖搖頭。

「怎麼不行？」

「我絕交信都寫過好幾封，可是他的臉皮很厚，一上岸就來找我。」

「妳不理他不行？」

「辦不到。」

「那妳還是回家好了。」王作善本來不贊成她回南部，現在反而慫恿她回家了。

「本來我父親對我一個人在台北工作很不放心，可是我又討厭他對我管得太嚴，我像他一樣，天生有幾分反抗性，心理雖然想家，又把家當作牢籠，我就是這麼矛盾。」

「我還是贊成妳回家。」

她沉吟很久，最後才說：

「老師，那我聽你的話，回家住一兩個月再看。」

「我看妳的身體不太好，回家休息一下也應該。」

「啊，老師，陳娟娟出國了你知不知道？」她突然把話題轉到同班同學陳娟娟身上來。

「知道，」王作善點點頭：「她的推荐書還是我寫的呢。」

「她去美國唸語言學倒也合適。」朱莉說：「她很聰明。」

「可是我上星期接到她一封信，說功課壓力太重，她似乎缺少信心。」

「陳娟娟需要別人鼓勵，」朱莉說：「在學校時如果不是老師特別鼓勵，她的散文不會寫得那麼好。」

「她很有潛力，」王作善說：「就是不知道怎樣發揮。」

「你把她的散文在黑板上一分析講解，她才恍然大悟，那天下課後她高興死了，還請我吃泡泡糖呢！她還把泡泡糖吹得好圓好大。」

「眞是小孩子！」王作善忍不住笑了起來。他很注意學生的性向，對於陳娟娟他也十分了解，陳娟娟十分聰明，但是經不起挫折；朱莉聰明而自信，但有點玩世的心理。

「老師，我眞想再回學校唸書，」朱莉忽然感慨起來，「還是那段日子最好。」

「那時我不是對你們說過了；如果不好好珍惜這段日子，以後想再回來都不可能嗎？」

「唉！人就是這麼矛盾！」朱莉自嘲地說：「唸書時希望早點畢業，離開學校；畢業後又看不慣社會上的牛鬼蛇神，想再回學校，人眞是矛盾！」

「林小蘭最近的情形怎樣？」王作善很久沒有看見林小蘭，有點關心。

「她也在一家私人公司當秘書。」朱莉回答。

「有男朋友沒有？」

朱莉點點頭，隨後又一笑：

「老師，她的男朋友奇醜無比。」

「瞎說，」王作善白了朱莉一眼。

「老師，不是我瞎說，是林小蘭自己講的。」

「林小蘭自己不是很秀氣的嗎？」

「就是嘛！她偏偏交了一個醜八怪！」

「這就奇了？」王作善也百思不得一解。

「其實也不太奇，」朱莉馬上解釋：「物以稀爲貴，現在的男孩子俏得很，我們這種年齡的女孩子眞倒楣！」

「妳看林小蘭會不會嫁給他？」

「林小蘭才不會呢！」朱莉撇撇嘴角：「她只不過是悶得慌，抓一個男生在身邊作伴，一旦遇上了白馬王子，她才不會要劉少山呢！」

王作善心裡好笑，現在的年輕人和他們當年是不同了。

他和朱莉分手時特別囑咐朱莉回家後多寫點稿子寄給他，賺點零用錢。

朱莉點頭而去。

可是回家後她一篇稿子也沒有寄來，半年後來了一封信，說是男朋友吹了，心理難過得很。

王作善看完了朱莉的信，沉思了很久，也想起很多事情。然後又翻出陳娟娟寄給他的聖誕卡，裡面有這段話：

老師：

您好嗎？美國北部現在已是大雪漫天，Iowa 這兩天更是風雪交加，使我有一種悽涼的感覺。望着窗外紛飛的大雪，想起遙遠的家鄉，我不禁掉下幾滴清淚；想起即將來臨的期末大考，我直打哆嗦，是冷還是怕？我已分辮不出來了。

老師，身在異國，前途茫茫，以後我該如何呢？……

本來王作善當時就回了她一封信，說了許多安慰鼓勵的話，想不到她這次回到台北，竟沒有勇氣來看他！他毫不遲疑地又寫了一封信給她。

他教了十年書，最初一位高材生劉小燕使他灰心失望，朱莉、陳娟娟、林小蘭這三位高材生還在未定之天。寫完了給陳娟娟的信，他輕輕嘆了一口氣，心裡也有點茫然。

忽然，他望見窗外自己手植的幾棵小杏樹，枝頭有點綠意，他一箭步跳了出去，倒還看不出老態。

原載六十八年七月一日中華日報副刊

林議員的蜜月

林正剛回到家裏，領帶還沒有解開，鞋子也沒脫下來，電話就響了，他看看錶，自言自語地說：

「奇怪，已經晚上十一點多了，怎麼還有人打電話來？」

他疲倦地走過去，拿起話筒喂了一聲，對方就問：

「你是林議員嗎？」

「是，我是林正。」他連忙回答。

「你知不知道，我們新竹有錢有地位的男人都愛金屋藏嬌？」他這才清楚是一個女人的聲音。但是他對於這個沒頭沒腦，又很籠統的問題實在難以回答。

他稍稍遲疑了一下，對方便質問似地說：

「你是新竹最年輕最關心社會問題的議員，怎麼連這件事都不知道？」

「馬路新聞是聽過的，不過這是家務事，縱然是眞的，也不便過問。」林正委婉地回答。

「家務事？」對方冷笑一聲：「家務事會造成社會問題，你怎麽能不問？」

「新竹也不算小，就是要問，我也不知道問誰呀？」林正笑着說。

「問我！」

「問妳？」

「不錯！」

「妳是誰？」

「我是李太太。」

「李太太，你知道誰金屋藏嬌？」

「我先生！」

「有證據嗎？」林正笑問，回頭看了他太太曾妙一眼。

「自然有。」

「既然有證據，妳怎麽不去捉姦？」林正向他夫太太扮了一個鬼臉，他太太白了他一眼。

「我先生是有頭有臉的人，我不想讓他出醜。」

「妳眞是個賢慧的好太太。」

「可是我這口氣又忍不下。」

「那怎麽辦呢？」

「所以我打電話找你呀！」

「找我有什麽用呢？」林正想笑，又不敢笑出聲來。

「你是好議員哪，自然有辦法。」

「這種事是告訴乃論，如果妳不告，法官也不能管。」

「我就是不想告，所以才找你。」

「那我倒要請教妳一個開門計呀？」

「這很簡單，你要警察不要禁止打麻將就行了。」

「這和妳先生金屋藏嬌有什麽關係？」

「關係大得很！」

「這我要洗耳恭聽。」

「那我告訴你：以前不禁止打麻將，每天晚上我先生在家裏陪我打八圈，打到十二點正好睡覺。自從禁止麻將之後，我們就不打麻將了，因爲怕警察抓——我們實在丟不起這個人！因此晚上他就溜到外面去跳舞、吃花酒，終於他和一個叫做貴妃的酒女泡上了，起先我還蒙在鼓裏，後來他夜不歸營，我才知道他已經金屋藏嬌，你說這怎麼和打麻將沒有關係？」

林正哦了一聲，吐了一口氣，他眞沒有想到打麻將還有這種妙用？

對方半天沒有聽見他回答，又大聲問：

「喂，林議員，你怎麼不答話呀？」

「李太太，妳要我怎麼回答呢？」林正苦笑地問。

「我要你向警察局施壓力，准許老百姓打麻將。」

「這怎麼可以呢？」

「怎麼不可以？你把我的意見告訴警察局長，說他不准打麻將，破壞了我的家庭。」

「李太太，我可不能講這樣的話呀？」

「你是議員，是我們選出來，怎麼不能講？」

「李太太，有的話能講，有的話又不能講呀！」

「這又不犯法，怎麽不能講？」

「這是上面的命令，警察只是執行命令，我們議員也不能干涉行政呀！」

「你既然不肯向警察局施壓力，能不能向我先生施點壓力？」

「你先生是誰呀？」

對方沉默了一會才說：

「我告訴了你，你可要保密？你要知道，他也是有頭有臉的人。」

「好，我保密就是。」林正無可奈何地說。

「他叫李挺之。」

「是他？」林正驚叫起來：「我們是很熟的朋友，我看他規規矩矩，怎麽會有這種事？」

「那有猫兒不偸腥的？你們男人都是假正經！」

林正被罵得笑了起來。對方聽見他笑，又譏諷地說：

「哼！笑，是不是搔着癢處了？」

「李太太，我可是規規矩矩呀！」

「還早得很呢！你結婚才幾天？」

「李太太，你對我的情形好像清楚得很嘛？」林正有點驚喜。

「你也是新竹的名人，我怎麼不清楚？我問你，我先生那裏你肯不肯施點壓力？」

「施壓力不敢，不過我們是朋友，我可以勸勸他。」

「喂，你千萬不能講這是我的主意？」

「遵命。」

「好，打攪你了，對不起。要是事情辦成功了，我會好好地謝你。」

「免啦，免啦。」林正趕快放下話筒，噓了一口氣。看看錶，這個電話講了二十多分鐘。他眞有點累了。

他太太連忙送上拖鞋，替他解開領帶，他順勢往沙發上一躺，感嘆地說：

「這位李太太眞不簡單。」

「像她這樣能幹的女人，怎麼會看不住自己的先生呢？」曾妙說。

「天下事就有這麼巧！」林正把上衣交給太太。「李挺之的確是個規矩人，想不到居然翻過她如來佛的手掌心？」

「這樣看來，女人再厲害，也要不過你們男人。」她把西裝上衣掛上衣架。

「其實不然，如果李太太像妳對我這樣放心，李先生反而不會向外發展？」

「我對你是黑處作揖，各憑良心。」林太太說。

林正好笑，隨後又說：

「釘得越緊，越想反抗，這是男人的心理。欲擒故縱，反而安全。」

「不和你胡扯，快點洗澡休息。」林太太輕輕白他一眼，又溫柔地說：「忙了一整天，你還不累？」

「當了議員，就要不辭勞苦。」他也笑着回答。

「什麼雞毛蒜皮的事都來找你，我看將來人家丟了一隻老母雞，也要你替他找回來？」

「這是人家看得起我，果眞要我去找，我也要盡力。」

「自從你當了議員，成天在外面開會，到軍中巡迴講演，到處奔跑，連一點私生活都沒有。」

「對不起，以後有機會我們再補度蜜月好了。」林正對於這位美麗賢慧的太太有點內疚。爲了不願招搖，原來預定的結婚日期，提在議員就職之前舉行，除了親戚朋友之外，一概未發請帖，所以場面並不熱鬧，起初她家庭不願意遷就，幸虧她很識大體，滿口答應。結婚之後又因爲議會開會，沒時間去度蜜月，現在小妙都四五個月了，他還沒有實踐諾言，連白天都很少在家，晚上也往往到十點才能回來，像今天回來這麽遲，還要接個電話嘮叨半天。

「哦，下個禮拜三是『巴斯大隘』大祭，我們一道去好不好？」

「我倒不是想你陪我補度蜜月，我是怕你累壞了身體。」

「不要緊，我還年輕。不趁年輕時替地方上多做點事，將來老了，就有心無力了。」

「這次矮人祭你又要去嗎？」

「我怎麽能不去？五峯鄉鄉長昨天還打電話到議會來，一定要我去。」林正說。

「難怪別人說你是半個山胞議員。」

「那是別的議員不肯到山地去，我多跑了幾趟山地，替他們解決了一些問題，所以山胞才歡迎我，別人反而譏笑我了。」

「人家都說你傻，山地又沒有幾張選票，何必跑來跑去？」

「我不是爲了選票，我是想替他們作點事情，山地生活水準比平地落後多了。」

「尖石鄉後山的電燈裝好了沒有？」

「唉，上個月才裝好，」林正輕輕唉了一聲：「爲了這件事，我差點跑斷腿。」

「泰雅族人有了電燈，多跑幾趟路倒也值得。」

「下次我再上山，他們更要請我喝玉米酒了。」林正向曾妙得意地一笑。

「你作任何事我都不反對，就是不能多喝酒。」曾妙關切地說。

「在新竹市我還可以推辭不喝，在山地我就沒有辦法推，如果山胞敬酒你不喝，他們就認為那是侮辱。」

「不管什麼理由，你少喝就是。」曾妙一面說，一面去浴室替林正放洗澡水。

「說眞的，喝酒是一件苦差事，我也不歡喜。」林正走到浴室門口，靠着門框對太太說：「可是當了議員，就不能免俗。我眞奇怪，別的議員，和那些大公司的董事長、總經理，就沒有一個不好酒，而且都是海量。」

「俗話說，酒色是親兄弟，難怪報上說新竹的聞人大多有小公館，這就證明好酒必然好色。」水聲太吵，曾妙提高了兩個音階。

「你這是什麼邏輯？」林正好笑。

「這是中國邏輯。」曾妙也笑着回答。「幸好你不好酒。」

「喝酒也是藝術。」林正興頭高了起來，精神反而好了：「貪杯爛醉，是凡夫俗子，微醺即止最有意思。我們中國文人，喝醉也講究這點情調。」

「那些人又不是學中國文學的，那裏懂得這種情調？」

「我覺得搞政治的人，最好也要有點文學修養，否則難免俗氣，如果我們兩人不是學中國文學的，就不會同調。」

「好了，快洗澡吧，別自拉自唱。」曾妙關好水龍頭，輕輕白了他一眼，笑着走了出來。

曾妙趁林正洗澡時，過來看看女兒小妙，她一個人睡在小床上，十分安祥。瓜子型的小臉蛋又紅又白，皮膚細嫩，眉清睫長，鼻樑直挺，嘴唇紅潤，模樣兒很像自己。別人都說她是古典美人，從外表到氣質，都透着一股靈秀，優雅，這是現代女性所最缺少的。一位作家也是她的老師，說她是「紅樓夢」裏的女性，不是現代的新潮派。她想這可能是唸中國文學的關係，她除了愛好詩詞之外，也愛看「浮生六記」和「紅樓夢」，以及她那位老師的中國韻味的小說。

她看着小妙有點發呆，她很想彎下腰去親親她的小臉，又怕驚醒了她，妨礙她的睡眠。她站在小床邊，呆呆地看着女兒，不知道林正已經悄悄走到她的身後，雙手向她兩肩一搭，她微微一驚，回過頭來，就在她額上蜻蜓點水地親了一下。笑問：

「妳怎麽站在這兒發呆？」

「我看小妙看呆了。」她微微一笑。

「她眞可愛。」林正彎下腰去想親她，曾妙連忙把他拉住：「別弄醒她。」

「說眞的，不管在外面怎麽累，或是受了氣，回到家裏一看見她，一切都煙消雲散了。」林正望着女兒高興地說。

「我不想出去作事，也是爲了她。」曾妙說。

「人家說有子萬事足，我是有了妳們母女兩人，什麽也不想要了。」

「別說早了。」曾妙望着他似笑非笑：「你不想金屋藏嬌？」

「我不是李挺之，妳也不是李太太，不會有那種事。我們要在新竹作一個新榜樣，不要狗屁倒灶。」

「我也不希望你染上壞習氣。」

「只要妳好好地幫助我，我就有信心向上，決不會墮落。」

「你也不能辜負阿爸和叔公的期望。」

「那當然。」林正點點頭。

他父親對他管教很嚴，讀初中時他愛打抱不平，和人打架，他父親便和老師約好，他幾點鐘離家，幾點鐘到校，每天都要核對，一點也不放鬆。使他沒有一點活動餘地，自然也沒有時間打架了。大學畢業那年，他考取自費留美第一名，他父親也不要他去，怕他到了美國後數典忘祖，楚材晉用，要他留在國內，替桑梓服務。因此他放棄了這個出國升造的好機會。

他叔公是好幾個公司的董事長，七十多歲了，很愛護他，隨時指導他做人做事的原則，他當選議員，叔公的支持也有關係。

他一切都往好的方面走，受他們兩人的影響很大。

「時間很晏了，休息吧。」曾妙看看錶，已經一點十五分了。

「哦、明天上午八點半，市黨部開黨員代表大會，改選委員，妳要記得叫我。」林正往床上一躺。

「你到底競不競選？」曾妙問他。

「前輩很多，我不打算競選。」林正搖搖頭，面朝裏睡了。

第二天早晨曾妙先醒來，已經七點多。小妙還沒有醒來，四點多她起來餵了一次奶，哄她睡着了，大概要到八點鐘才會醒來吃奶。

她梳粧好之後，輕輕把林正搖醒，這時已經七點四十。林正伸了一個懶腰，唉了一聲說：

「天天睡得那麽晏，今天又沒有睡足。」

「快點起來，八點半要開會了。」

林正一個鯉魚挺身，坐了起來，連忙下床走進洗手間，漱洗出來，已經八點十分了。這時曾妙已經沖好牛奶，端了餅乾點心上來，樓下就是他們家開的商行，南貨、雜貨一應俱全。吃過早點，他就匆匆趕去開會。

這次代表大會，除了一般提案外，重點是改選。林正沒有想到，他也得了二十二票，與提名候選人之一的某先生同票，因爲那位先生是前輩，他當場宣佈退讓，引起一片掌聲。那位候選人特別過來向他道謝。

「你是前輩，我應該退讓，何況我沒有競選。」林正說。

「老弟，難得你這份盛意！」那位先生拍拍他的肩膀說：「下一屆我一定讓賢。」

「不敢當！以後請前輩多多栽培。」林正謙恭地回答。

在這次大會裏，他提議設立「仁愛實踐會」，辦理急難救助，助學貸款，濟貧扶困等公益事宜，獲得一致贊同。

散會後他打了個電話給李挺之，約他到金銀島咖啡室喝咖啡，李挺之來了。

李挺之四十上下年紀，身體很結實，精力充沛，相貌渾厚，沒有生意人的市儈氣。

一見面他就問林正有什麼事？

林正不好開門見山就談「金屋藏嬌」，他先談「仁愛實踐會」的事，請他贊助。

「贊助當然義不容辭，」李挺之爽快地說：「不知道怎麼個贊助法子？」

「除了請你當發起人之外，自然還要請你樂捐一點基金。」林正說。

「可以，不知道數字多少？」

「這不好硬性規定，只要你原則同意就行，數字以後再商量好了。」

「好，你出多少，我跟進就是了。」

「謝謝你大力支持。」

「地方上的事，要大家同心協力才行，何況這是公益。」

「李大哥，難得你這樣慷慨開明。」

「你出錢又出力，我打打邊鼓是應該的。」李挺之說，隨後又輕輕問：「你當議員以來，貼了多少老本？」

「我還沒有算過這筆帳，」林正說：「如果不是我父親和叔公支持，我早當褲子了。」

李挺之聽了好笑，隨後又拍拍林正的肩說：

「老弟，你還年輕得很，好好地幹，多替地方上作點事，老百姓的眼睛是雪亮的，你會明去暗來。」

「李大哥，多謝你的勉勵。」林正說：「你最近的生意怎樣？」

「現在經濟已經開始復甦，我的生意自然也跟着好轉。」李挺之回答。

「李大哥，聽說你已經金屋藏嬌，有沒有這回事？」林正壓低聲音，輕輕地問。

李挺之楞了一下，伸過頭來反問：

「你聽誰說的？」

「自然是馬路新聞。」林正笑着回答。

李挺之抽了一口煙，慢慢吐出一道煙圈，輕描淡寫地說：

「要是別人，我會否認，既然是你問到這件事，我就不能不承認了。反正，你們議員中也多的是，這是公開的秘密。」李挺之忽然又緊張起來，鄭重地對林正說：「不過，你可不能告訴我太太？」

林正心裏好笑，但他還是安慰他說：

「我同大嫂沒有見過面，我怎麽會告訴她？」

「那就好。」李挺之笑着點點頭。

「難道大嫂一點也不知道？」林正明知故問。

「她雖然起了疑心，可是我死不認賬，她也沒有辦法。」

「要是她眞的知道了，你不怕她搗毀香巢？」

「我想她不會這麽做，她會給我留點面子。因爲萬一鬧開了，大家都沒有好處。」

林正心理又好笑，這眞是知妻莫若夫。

「這麽說來，大嫂是很賢慧的了。」

「總算還識大體。」

「李大哥，那你也不能利用這個『弱點』，我看你還是發點遣散費算了，時間久了會越陷越深，影響你同大嫂的情感。」

「這倒不會，」李挺之搖頭一笑。「我會保持平衡。」

「你怎麽個平衡法子？」林正好奇地問。

「太太是太太，情婦是情婦，二者不能混爲一談，我把握住這個原則，相信不會出事。」

「你眞有這個把握？」

「新竹市像我這樣一馬雙鞍的情形很多，你看誰出過紕漏？」李挺之敲敲煙灰說：「男人只要事業發達，能滿足太太的物質享受，太太們也只好睜一隻眼，閉一隻眼。只有那些蠢女人，才會把丈夫弄垮，到頭來兩敗俱傷。」

「妙論，妙論！」林正不禁笑了起來。

「本來嘛，從前的男人三妻四妾，還不是相安無事？現在一夫一妻，丈夫在外面走走私，這又有什麽關係？」

「這是你站在男人的立場說話，女人未必同意你的看法？」

「老弟，天下的事理論歸理論，事實歸事實。男女之事，古今中外莫不如此，男人最怕的是既無金錢，又無地位，成天牛衣對泣，連一個老婆也保不住。」

林正聽了一怔，抓抓後腦売說：

「李大哥，不管怎麽說，結髮的夫妻總比露水姻緣靠得住，你還是回到大嫂身邊好。」

「我是照常回去，你放心，我的事不會成爲社會問題。」

「李大哥，你好自爲之。」林正想起他太太昨夜的電話，恐怕今天晚上她又打電話來，那她眞沒有辦法交代。

林正請李挺之吃飯，李挺之說另有應酬，謝了。林正也逕自回家。曾妙問開會的情形怎樣？林正把前後經過情形都告訴她，她贊賞地說：

「你這樣作很對，對老前輩應該讓一步。」

「可是李太太交的任務我沒有達成！」林正遺憾地說。

「你見到了李先生？」

「我特別約他喝咖啡的。」

「有那回事沒有？」

「有是有，可是我說不過他。」林正搖頭一笑。

「難道他還有理？」曾妙奇怪地望着丈夫。

「嘿！眞沒有想到，他有他的歪理。」

「你說給我聽聽看！」

「不說也罷。」

「爲什麽不說？」

「說了妳會生氣。」

「我不生氣，你說好了。」曾妙笑着鼓勵他。

於是林正一五一十說給她聽，她聽過之後又好氣又好笑，隨後指着林正笑駡：

「你們男人眞不是好東西！」

「妳怎麽駡起我來了？我可是站在你們女人立場說話呀。」林正委屈地說。

曾妙也好笑，同時指着他說：

「本來我對你開了信用狀，聽了李先生的話，以後我也不得不對你提防點兒了。」

「唉！眞寃枉！我這個魯仲連沒有作好，反而惹了一身騷！」

曾妙看他那尷尬樣子，不禁笑了起來，隨後又在書桌抽屜裏拿出一封公文給他，他抽出一看，是國防部請他到新竹五四二〇部隊講演。

「是第幾次講演？」曾妙問他。

「讓我算算看，」他閉眼沉思一會，然後眼睛一睜，望着曾妙說：「總共是第五十二次，要是從我們結婚以後算，這是第十四次，幸好日期是在「巴斯大隘」大祭的前一天，時間不衝突，不然我眞沒有辦法分身了。」

說到這裏，電話又響了，是縣長打來的，請他去商量矮人祭的事。因爲縣長也知道他是「半個山地議員」，把他當作「山地通」。

他又匆匆忙忙出去，走到房門口又回轉身來在女兒臉上親了一下。曾妙看他馬不停蹄，不禁搖頭一笑。

時間過得很快，轉眼就是矮人祭的日子，林正一定要曾妙去，一方面是參觀，一方面當作「蜜月旅行」，曾妙只好陪他去。

矮人祭是在五峯鄉舉行，新竹縣有兩個山地鄉，一是尖石鄉，以泰雅族人爲主，一是五峯鄉，以賽夏族人爲主。其實這兩族原是同屬「巴拔瓜」山下的一族，後來由於地狹人稠才分開，演變成爲兩族，矮人是屬於大隘族，身體矮小，却力大無比，行動敏捷，飄忽如飛。但是品性不好，時常出洞調戲賽夏族婦女，賽夏族人又不敢和他們打鬥，只好忍氣吞聲。有一次，矮人當着賽夏族一位婦女的丈夫面前侮辱她，賽夏族人氣極了，決定消滅矮人，便在賽夏族舉行祭典之前，將矮人必經的枇杷木橋砍斷一半，上面蓋了一層土，使矮人看不出來。屆時矮人都過來看賽夏族的祭典，行至木橋中間，轟然一聲，橋斷了，所有的矮人也掉在深谷中，只有三人倖存，其中一人叫做「鐵胄」的，懂得祭神方法，衣缽相傳，子孫都成爲賽夏族祭典的主祭，現在姓朱的都是他的後裔，賽夏族因爲將大隘族矮人消滅了，不免有點內疚，所以每隔一年便舉行一次「巴斯大隘」大祭，也就是「矮人祭」。

從新竹到五峯鄉去，除了坐車之外，還要走一段山路。林正時常來，走慣了，倒不覺得累，曾妙是頭一次來，又很少走山路，加之她又是「紅樓夢」裏的那一型女性，所以有點吃力，不過她爲了林正的面子，不願意在大家面前坍臺，咬緊牙關走到鄉公所，可是有些同來的男議員已經大喊吃不消了。

賽夏族人把他們當爲貴賓看待，很多議員他們都不認識，便請林正當招待。

「矮人祭」一連要舉行三天，通宵達旦，今天是第一天。賽夏族人都穿着最漂亮的衣服——他們的傳統服裝，年長的女人臉上都刺了青，一條一條的很難看。曾妙看了很不順眼，便問林正：

「她們臉上爲什麽要刺青？」

「相傳有一天巴拔瓜山一塊大岩石突然裂開，出來兩個嬰孩，一男一女，男的是哥哥，女的是妹妹。山上只有他們兩人，長大之後，妹妹想和哥哥結婚，又怕哥哥不答應。有一天，她故意對哥哥說：前山洞裏有個女的，可以娶她爲妻。她哥哥信以爲眞，眞的去了。她却走了一條捷徑比哥哥先到，她臉上塗了鍋煙，哥哥認不出來，於是兩人結成夫妻。」林正說。

「是不是你胡謅的？」曾妙將信將疑地一笑。

「縣誌上這麽說，我怎麽敢胡謅？」

「這就是她們臉上刺青的由來。」

林正點點頭。

「爲什麽年輕的女人臉上不刺青？」曾妙又問。

「妳怎麽胡塗了？」林正反問她：「現在是什麽時代？年輕的小姐都受過國小國中教育，國語講得和我們一樣好，小姐們那一個不愛美的，她們怎麽肯在臉上刺青？」

「那我到山地來算是上了一課了。」曾妙莞爾一笑。

賽夏族人請他們吃玉米酒，曾妙不能喝，端着盌作了一個樣子。林正和他們一飲而盡。場子中央男男女女已經拉了一個大圓圈在跳舞唱歌，那些歌詞曾妙一句也聽不懂，另一位女議員也聽不懂，請林正翻譯，林正因爲聽了很多次，鄉長也替他口譯過，他是學中國文學的，便把鄉長的口譯又修飾了一番，再轉譯給他們聽：

咕咕咕，終日鬧，

樟樹林裏斑鳩叫。

斑鳩斑鳩鬧什麽？

兒去不回母心焦。

「這歌詞好美！」曾妙讚嘆地說：「很有鄉土文學的味道。」

「他們怎麽在矮人祭裏唱這種歌？」那位女議員問。

「他們沒有我們的詩經那樣多彩多姿的文學，所以他們惜別時唱這首歌，悼亡時也唱這首歌，這倒沒有什麽稀奇的。」林正說。

賽夏族人又來敬酒，他們都是大盌大盌地喝，有些議員本來是海量，毫不在乎，林正不會喝酒，今天賽夏族人特別高興，又把他當自己人，他也只好陪着喝。喝了三盌之後，又被賽夏族人拉到場子中跳舞，曾妙和其他的議員也應邀一道下場去跳。

跳着跳着，林正有點頭重脚輕，脚像踩在半天雲裏。突然身子一傾，倒在曾妙的身上，曾妙和其他幾位手拉着手的議員連忙把他扶住，攙進鄉長會客室的沙發上躺下。鄉長連忙打了個濕毛巾，端了一杯冰水來，林正不好意思地對鄉長說：

「眞對不起，這是我第一次丟人。」

「那裏的話？承你看得起我們賽夏族，遠道來捧場，應該不醉不歸，不信，你看看，等會我們很多人都會醉倒。」年輕的鄉長用流利的國語回答。

林正喝了一口冰水，曾妙接過毛巾覆在他的額上，笑着問他：

「這就是我們的蜜月？」

林正握着她的手，哈哈大笑起來。

（原載六十五年八月十九日青年日報副刊）

墨人博士著作書目（校正版）

書　　目	類　別	出　版　者	出　版　時　間
一、自由的火焰（與《山之禮讚》合併，易名《墨人新詩集》）	詩　集	自印（左營）	民國三十九年（一九五〇）
二、哀祖國（與《山之禮讚》合併，易名《墨人新詩集》）	詩　集	大江出版社（臺北）	民國四十一年（一九五二）
三、最後的選擇	短篇小說	百成書店（高雄）	民國四十二年（一九五三）
四、閃爍的星辰	長篇小說	大業書店（高雄）	民國四十二年（一九五三）
五、黑森林	長篇小說	香港亞洲社	民國四十四年（一九五五）
六、魔障	長篇小說	暢流半月刊（臺北）	民國四十七年（一九五八）
七、孤島長虹（全集中易名爲富國島）	長篇小說	文壇社（臺北）	民國四十八年（一九五九）
八、古樹春藤	中篇小說	九龍東方社	民國五十一年（一九六二）
九、花嫁	短篇小說	九龍東方社	民國五十三年（一九六四）
一〇、水仙花	短篇小說	長城出版社（高雄）	民國五十三年（一九六四）
一一、白夢蘭	短篇小說	長城出版社（高雄）	民國五十三年（一九六四）
一二、颱風之夜	短篇小說	長城出版社（高雄）	民國五十三年（一九六四）

一三、白雪青山　長篇小說　長城出版社（高雄）　民國五十四年（一九六五）
一四、春梅小史　長篇小說　長城出版社（高雄）　民國五十四年（一九六五）
一五、洛陽花似錦　長篇小說　長城出版社（高雄）　民國五十四年（一九六五）
一六、東風無力百花殘　長篇小說　長城出版社（高雄）　民國五十四年（一九六五）
一七、合家歡　長篇小說　臺灣省新聞處（臺中）　民國五十四年（一九六五）
一八、紅樓夢的寫作技巧　文學理論　臺灣商務印書館（臺北）　民國五十五年（一九六六）
一九、塞外　短篇小說　臺灣商務印書館（臺北）　民國五十五年（一九六六）
二〇、碎心記　長篇小說　小說創作社（臺北）　民國五十六年（一九六七）
二一、靈姑　長篇小說　小說創作社（臺北）　民國五十七年（一九六八）
二二、鱗爪集　散　文　水牛出版社（臺北）　民國五十七年（一九六八）
二三、青雲路　短篇小說　臺灣商務印書館（臺北）　民國五十八年（一九六九）
二四、變性記　短篇小說　臺灣商務印書館（臺北）　民國五十八年（一九六九）
二五、龍鳳傳　長篇小說　幼獅書店（臺北）　民國五十九年（一九七〇）
二六、火樹銀花　長篇小說　立志出版社（臺北）　民國五十九年（一九七〇）
二七、浮生集　散　文　聞道出版社（臺南）　民國六十一年（一九七二）
二八、墨人詩選　詩　集　臺灣中華書局（臺北）　民國六十一年（一九七二）
二九、鳳凰谷　長篇小說　臺灣中華書局（臺北）　民國六十一年（一九七二）

三〇、墨人短篇小說選	短篇小說	臺灣中華書局（臺北）	民國六十一年（一九七二）
三一、斷腸人	短篇小說	臺灣學生書局（臺北）	民國六十一年（一九七二）
三二、詩人革命家胡漢民傳	傳記小說	近代中國社（臺北）	民國六十七年（一九七八）
三三、心猿	長篇小說	學人文化公司（臺北）	民國六十八年（一九七九）
三四、山之禮讚	詩　集	秋水詩刊（臺北）	民國六十九年（一九八〇）
三五、心在山林	散　文	中華日報社（臺北）	民國六十九年（一九八〇）
三六、墨人散文集	散　文	學人文化公司（臺中）	民國六十九年（一九八〇）
三七、山中人語	散　文	臺灣商務印書館（臺北）	民國七十二年（一九八三）
三八、花市	散　文	江山出版社（臺北）	民國七十四年（一九八五）
三九、三更燈火五更雞	散　文	江山出版社（臺北）	民國七十四年（一九八五）
四〇、墨人絕律詩集	詩　集	臺灣商務印書館（臺北）	民國七十六年（一九八七）
四一、全唐詩尋幽探微	文學理論	臺灣商務印書館（臺北）	民國七十六年（一九八七）
四二、第二春	短篇小說	采風出版社（臺北）	民國七十七年（一九八八）
四三、全唐宋詞尋幽探微	文學理論	臺灣商務印書館（臺北）	民國七十八年（一九八九）
四四、小園昨夜又東風	散　文	黎明文化公司（臺北）	民國八　十年（一九九一）
四五、紅塵（上、中、下三卷）	長篇小說	臺灣新生報社（臺北）	民國八　十年（一九九一）
四六、大陸文學之旅	散　文	文史哲出版社（臺北）	民國八十一年（一九九二）

四七、紅塵續集	長篇小說	臺灣新生報社（臺北）	民國八十二年（一九九三）
四八、墨人半世紀詩選	詩　選	文史哲出版社（臺北）	民國八十四年（一九九五）
四九、張本紅樓夢（上下兩巨冊）	修訂批註	湖南出版社（長沙）	民國八十五年（一九九六）
五〇、紅塵心語	散　文	圓明出版社（臺北）	民國八十五年（一九九六）
五一、年年作客伴寒窗	散　文	中天出版社（臺北）	民國八十六年（一九九七）
五二、全宋詩尋幽探微	文學理論	文史哲出版社（臺北）	民國八十九年（二〇〇〇）
五三、墨人詩詞詩話	詩詞・理論	詩藝文出版社（臺北）	民國八十九年（二〇〇〇）
五四、娑婆世界（定本）	長篇小說	昭明出版社（臺北）	民國八十八年（一九九九）
五五、白雪青山（定本）	長篇小說	昭明出版社（臺北）	民國八十九年（二〇〇〇）
五六、滾滾長江（定本）	長篇小說	昭明出版社（臺北）	民國八十九年（二〇〇〇）
五七、春梅小史（定本）	長篇小說	昭明出版社（臺北）	民國八十九年（二〇〇〇）
五八、紫燕（定本）	長篇小說	昭明出版社（臺北）	民國九　十年（二〇〇一）
五九、紅樓夢的寫作技巧（定本）	文學理論	昭明出版社（臺北）	民國九　十年（二〇〇一）
六〇、紅塵六卷（定本）	長篇小說	昭明出版社（臺北）	民國九　十年（二〇〇一）
六一、紅塵法文本	巴黎友豐（you fonq）書局出版		二〇〇四年初版

附註：

▲北京中國文聯出版社　二〇〇三年出版　大陸教授羅龍炎・王雅清合著《紅塵》論專書

▲臺北市昭明出版社出版墨人一系列代表作，長篇小說《娑婆世界》、一百九十多萬字的空前大長篇《紅塵》（中法文本共出五版）暨《白雪青山》（兩岸共出六版）、《滾滾長紅》、《春梅小史》、《紫燕》，短篇小說集、文學理論《紅樓夢的寫作技巧》（兩岸共出十四版）等書。臺灣中華書局出版的《墨人自選集》共五大冊，收入長篇小說《白雪青山》、《靈姑》、《鳳凰谷》、《江水悠悠》（爲《東風無力百花殘》易名）、《短篇小說・詩選》合集。《哀祖國》及《合家歡》皆由高雄大業書店再版。臺北詩藝文出版社出版的《墨人詩詞詩話》創作理論兼備，爲「五四」以來詩人、作家所未有者。

▲臺灣商務印書館於民國七十三年七月出版先留英後留美哲學博士程石泉、宋瑞等數十人的評論專集《論墨人及其作品》上、下兩冊。

▲《白雪青山》於民國七十八年（一九八九）由臺北大地出版社第三版。

▲臺北中國詩歌藝術學會於一九九五年五月出版《十三家論文》論《墨人半世紀詩選》。

▲《紅塵》於民國七十九年（一九九〇）五月由大陸黃河文化出版社出版前五十四章（香港登記，深圳市印行）。大陸因未有書號未公開發行僅供墨人「大陸文學之旅」時與會作家座談時參考。

▲北京中國文聯出版公司於一九九二年十二月出版長篇小說《春梅小史》（易名《也無風雨也無晴》）；一九九三年四月出版《紅樓夢的寫作技巧》。

▲北京中國社會科學出版社於一九九四年出版散文集《浮生小趣》。

▲北京群眾出版社於一九九五年一月出版散文集《小園昨夜又東風》；一九九五年十月京華出版社出

版長篇小說《白雪青山》大陸版，第一版三千冊，一九九七年八月再版一萬冊。

▲長沙湖南出版社於一九九六年一月初出版墨人費時十多年精心修訂批註的《張本紅樓夢》，分上下兩大冊精裝一萬一千套。立即銷完、因未經墨人親校，難免疏失，墨人未同意再版。

Mo Jen's Works

1950 *The Flames of Freedom*（poems）《自由的火焰》

1952 *Lament for My Mother Country*（poems）《哀祖國》

1953 *Glittering Stars*（novel）《閃爍的星辰》

The Last Choice（short stories）《最後的選擇》

1955 *Black Forest*（novel）《黑森林》

The Hindrance（novel）《魔障》

The Rainbow and An Isolated Island（novel）《孤島長虹》（全集中易名爲富國島）

1963 *The spring Ivy and Old Tree*（novelette）《古樹春藤》

1964 *Narcissus*（novelette）《水仙花》

A Typhonic Night（novelette）《颱風之夜》

Ms.Pei Mong-lan（novelette）《白夢蘭》
The Joy of the Whole Family（novel）《合家歡》
Flower Marriage（novelette）《花嫁》
1965 *White Snow and Green Mountain*（novel）《白雪青山》
The Short Story of Miss Chung Mei（novel）《春梅小史》
The Powerless Spring Breeze and Faded Flowers（novel）《東風無力百花殘》(《江水悠悠》)
Flower Blossom in Loyang（novel）《洛陽花似錦》
1966 *The Writing Technique of the Dream of Red Chamber*（literature theory）《紅樓夢的寫作技巧》
Out of The Wild Frontier（novelette）《塞外》
1967 *A Heart-broken Story*（novel）《碎心記》
1968 *Miss Clever*（novel）《靈姑》
Trifle（prose）《鱗爪集》
1969 *The Road to Promotion*（novelette）《青雲路》
1970 *A Sex-change Story*（novelette）《變性記》
The Biography of the Dragon and the Phoenix（novel）《龍鳳傳》
1971 *A Brilliantly lighted Garden*（novel）《火樹銀花》
1972 *My Floating Life*（prose）《浮生記》

Selection of Mo Jen's Poems《墨人詩選》

A Heart-broken Woman（novelette）《斷腸人》

Phoenix Valley（novel）《鳳凰谷》

Mo Jen's Works（five volumes）《墨人自選集》

Selection of Mo Jen's short stores《墨人短篇小說選》

1978 *Hu Han-ming, the Poet and Revolutionist*（novel）《詩人革命家胡漢民》

1979 *The Mokey in the Heart*（i.e. The Purple Swallow renamed）《心猿》

1980 *The Hermit*（prose）《心在山林》

A Collection of Mo Jen's Prose（prose）《墨人散文集》

A Praise to Mountains（poems）《山之禮讚》

1983 *Mountaineer's Remarks*（prose）《山中人語》

1985 *My Candle Burns at Both Ends*（prose）《三更燈火五更雞》

Flower Market（prose）《花市》

1986 *A Mundane World*（novel, four volumes, over 1.9 million words）《紅塵》

1987 *Remarks on All Poems of the Tang Dynasty*（theory）《全唐詩尋幽探微》

1988 *Remarks On All Tsyr*（prose poem）*of the Tang and Sung Dynasties*（theory）《全唐宋詞尋幽探微》

1991 *The Breeze That Came From The East Last Night in My Little garden Again*（prose）《小園昨夜又東風》

1992 *Travel for Literature in Mainland China*（prose）《大陸文學之旅》

1995 *Selection of Mo Jen's Poems, 1992-1994*《墨人半世紀詩選》

1996 *I'll look upon the World*《紅塵心語》

Chang Edition of the Dream of Red Chamber《張本紅樓夢》（修訂批註）

1997 *Cherish thy guests and the Muses*《年年作伴寒窗》

1999 *Saha Shih Gai*《娑婆世界》

1999 *Remarks on All Poems of the sung Dynasties*《全宋詩尋幽探尋》

1999 *Mo Jen's Classical Poems and Prose Poems*《墨人詩詞詩話》

2004 *Poussiere Rouge*《紅塵》法文譯本

墨人博士創作年表（二〇〇五年增訂）

年度	年齡	發表出版作品及重要文學紀錄摘要
民國二十八年己卯（一九三九）	十九歲	在東南戰區《前線日報》發表〈臨川新貌〉。淪陷區著名的上海《大美晚報》隨即轉載。
民國二十九年庚辰（一九四〇）	二十歲	在《前線日報》發表〈希望〉、〈路〉等新詩作品。
民國三十年辛巳（一九四一）	二十一歲	在《前線日報》發表〈評夏伯陽〉書評等文。
民國三十一年壬午（一九四二）	二十二歲	在各大報發表〈苦難的行列〉、〈贛州禮讚〉（長詩）、〈老船夫〉、〈盲歌者〉、〈自己的輓歌〉、〈抹去那怯弱的眼淚吧〉、〈生命之歌〉、〈快割鳥〉、〈鷂鷹與雲雀〉等詩及散文多篇。
民國三十二年癸未（一九四三）	二十三歲	在各大報發表長詩〈鋤奸隊長〉、〈搜索連長〉、〈遙寄〉、〈寫在第七個七七〉、〈父親〉、〈受難的女神〉、〈城市的夜〉及〈火把〉、〈擊柝者〉、〈橋〉、〈古鐘〉、〈汽笛〉、〈山居〉、〈沙灘〉、〈夜行者〉、〈孤芳〉、〈蚊蟲〉、〈蒼蠅〉、〈園圃〉、〈陽光〉、〈深秋〉、〈贈某詩人兼寫自己〉、〈哀亡命詩人〉、〈自供〉、〈白屋詩抄〉、〈哀歌〉、〈生活〉、〈給偶像崇拜者〉、〈戰書〉、〈燈下獨白〉、〈夜歸〉、〈失眠之夜〉、〈悼〉、〈殘英〉、〈黃昏曲〉、〈補綴〉、〈復活的季節〉〈擬戀歌〉、〈晨雀〉、〈春耕〉、〈天空的搏鬥〉等長短抒情詩。另發表散文及短篇小說多篇。

民國三十三年甲申（一九三九）	二十四歲	發表〈山城草〉五首及〈沒有褲子穿的女人〉、〈襤褸的孩子〉、〈駝鈴〉、〈無聲的哭泣〉、〈長夜草〉、〈春夜〉、〈擬某女演員〉、〈蛙聲〉、〈麥笛〉等詩及散文多篇。
民國三十四年乙酉（一九四五）	二十五歲	發表〈最後的勝利〉及〈煉獄裏的聲音〉、〈神女〉、〈問〉等長詩與散文多篇。
民國三十五年丙戌（一九四六）	二十六歲	發表〈夢〉、〈春天不在這裡〉等詩及散文多篇。
民國三十六年丁亥（一九四七）	二十七歲	發表〈冬天的歌〉、〈流浪者之歌〉、〈手杖、煙斗〉及長詩〈上海抒情〉等與散文多篇。
民國三十七年戊子（一九四八）	二十八歲	主編軍中雜誌、撰寫時論，均不署名。
民國三十八年己丑（一九四九）	二十九歲	七月渡海抵臺，發表〈呈獻〉、〈滿妹〉，及長詩〈自由的火燄〉、〈人類的宣言〉等及散文多篇。
民國三十九年庚寅（一九五〇）	三十歲	發表〈站起來，捏死他！〉、〈滾出去，馬立克！〉、〈英國人〉、〈海洋頌〉等詩。出版《自由的火燄》詩集。
民國四十年辛卯（一九五一）	三十一歲	發表〈春晨獨步〉、〈炫與殉〉、〈悼三閭大夫屈原〉、〈詩聯隊〉、〈心靈之歌〉、〈子夜獨唱〉、〈真理、愛情〉、〈友情的花朵〉、〈啊，西風啊！〉、〈歲暮吟〉、〈師生〉、〈往事〉、〈天書〉、〈歷程〉、〈雨天〉、〈火車飛馳在海岸淚上〉、〈帶路者〉、〈送第一艦隊出征〉等詩，及〈哀祖國〉長詩。
民國四十一年壬辰（一九五二）	三十二歲	發表〈未完成的想像〉、〈廊上吟〉、〈窗下吟〉、〈白髮吟〉、〈秋夜輕吟〉、〈秋訊〉、〈渴念，追求〉、〈寂寞、孤獨〉、〈冬眠〉、〈我想把你忘記〉、〈想念〉、〈成人的悲歌〉、〈訴〉、〈詩人〉、〈詩〉、〈貝絲〉、「春天的懷念」五首，〈和風〉、〈夜雨〉、〈臺灣海峽的霧〉等及散文、短篇小說多篇。出版《哀祖國》詩集。

民國四十二年癸巳（一九五三）	三十三歲	發表〈寄台北詩人〉等詩及散文短篇小說多篇。高雄百成書店出版短篇小說集《最後的選擇，收入〈華玲〉、〈生死戀〉、〈梅蘭馨〉、〈敵人的故事〉、〈最後的選擇〉、〈蔣復成〉、〈姚醫生〉等七篇。大業書店出版長篇小說《閃爍的星晨》一、二兩冊。
民國四十三年甲午（一九五四）	三十四歲	發表〈雪萊〉、〈海鷗〉、〈鳳凰木〉、〈流螢〉、〈鵝鸞鼻〉、〈海邊的城〉、〈長夏小唱〉及散文、短篇小說多篇。
民國四十四年乙未（一九五五）	三十五歲	發表〈雲〉、〈F-86〉、〈題 GK〉等詩及散文、短篇小說多篇。香港亞洲出版社出版長篇小說《黑森林》，並獲中華文獎會國父誕辰長篇小說第二獎（第一獎從缺）。
民國四十五年丙申（一九五六）	三十六歲	發表〈四月〉等詩及散文、短篇小說多篇。
民國四十六年丁酉（一九五七）	三十七歲	發表〈月亮〉、〈九月之旅〉、〈雨和花〉等詩及長篇小說《魔障》。
民國四十七年戊戌（一九五八）	三十八歲	暢流半月刊雜誌社出版長篇連載小說《魔障》。
民國四十八年己亥（一九五九）	三十九歲	發表短篇小說、散文多篇。文壇雜誌社出版長篇小說《孤島長虹》（全集中易名爲《富國島》）。
民國四十九年庚子（一九六〇）	四十歲	發表〈橫貫小唱〉等詩及散文、短篇小說多篇。
民國五十年辛丑（一九六一）	四十一歲	發表〈熱帶魚〉、〈豎琴〉、〈水仙〉等詩及短篇小說甚多。奧國維也納納富出版公司編選的《世界最佳小說選》選入短篇說〈馬腳〉，同時入選者有諾貝爾文學獎得主威廉福克納、拉革克菲斯特等世界各國名作家作品。

民國五十一年壬寅（一九六二）	四十二歲	發表〈青鳥〉、〈兩腳獸〉、〈晚會〉、〈祈禱〉等詩及短篇小說甚多。奧國維也納納富出版公司又將短篇小說《小黃》（以江州司馬筆名撰寫者）選入《世界最佳小說選》，同時入選者有諾貝爾獎得主蕭洛霍夫，郭沫若及世界各國名作家作品。
民國五十二年癸卯（一九六三）	四十三歲	香港九龍東方文學出版社出版中篇小說《古樹春藤》。發表短篇小說、散文甚多。
民國五十三年甲辰（一九六四）	四十四歲	香港九龍東方文學社出版短篇小說集《花嫁》，收入〈教師爺〉、〈劉二爹〉、〈二媽〉、〈異鄉人〉、〈花嫁〉、〈扶桑花〉、〈南海屠鮫〉、〈高山曲〉、〈古寺心聲〉、〈誘惑〉、〈隱情〉、〈美珠〉、〈新苗〉、〈心聲淚影〉等十四篇。高雄長城出版社出版中短篇小說集《水仙花》，收入〈水仙花〉、〈銀杏表嫂〉、〈圓房記〉、〈江湖兒女〉、〈天鵝〉、〈賭徒〉、〈搶親〉、〈黃龍〉、〈風雪歸人〉、〈花子老趙〉、〈景雲寺的居士〉、〈人與樹〉、〈過客〉、〈阿婆〉、〈馬腳〉、〈小黃〉等十六篇。高雄長城出版社出版中短篇小說集《白夢蘭》。收入〈情敵〉、〈空手〉、〈師生〉、〈斷夢〉、〈黃昏曲〉、〈白夢蘭〉、〈平安夜〉、〈凱塞琳、萊蒙托夫與我〉、〈陽春白雪〉、〈亂世佳人〉、〈傷心之旅〉、〈白衣清淚〉、〈護士與病人〉、〈如夢記〉、〈除夕〉等十五篇。　高雄長城出版社出版《中華日報》連載的二十五萬字長篇小說《白雪青山》。　發表短篇小說、散文甚多。
民國五十四年乙巳（一九六五）	四十五歲	高雄長城出版社出版連載長篇小說《洛陽花似錦》、《春梅小史》、《東風無力百花殘》三部。　發表短篇小說、散文甚多。省政府新聞處出版長篇小說《合家歡》。
民國五十五年丙午（一九六六）	四十六歲	是年五月赴馬尼拉華僑文教講習會講授「紅樓夢的寫作技巧」及新詩課程一個月。商務印書館出版文學理論專著《紅樓夢的寫作技巧》，全書共十五萬字。商務印書館出版中短篇小說集《塞外》。收入〈塞外〉、〈鬍子〉、〈百合花〉、〈天山風雲〉、〈白金龍〉、〈白狼〉、〈秋圃紫鵑〉、〈曹萬秋的衣缽〉、〈半路夫妻〉、〈百鳥聲喧〉、〈風竹與野馬〉、〈美人計〉、〈夜襲〉、〈花燭劫〉等十四篇。

民國五十六年丁未（一九六七）	四十七歲	發表短篇小說、散文甚多。小說創作社出版連載長篇小說《碎心記》。
民國五十七年戊申（一九六八）	四十八歲	小說創作社出版《中華日報》連載長篇小說《靈姑》。水牛出版社出版散文集《鱗爪集》，收入〈家鄉的魚〉、〈家鄉的鳥〉、〈雪天的懷念〉、〈秋山紅葉〉、〈學問與創作之間〉等散文七十六篇、舊詩三首。。
民國五十八年己酉（一九六九）	四十九歲	商務印書館出版中短篇小說集《青雲路》。收入〈世家子弟〉、〈青雲路〉、〈空棺記〉、〈久香〉等四篇。
民國五十九年庚戌（一九七〇）	五十歲	商務印書館出版中短篇小說集《變性記》。收入〈變性記〉、〈嬌客〉、〈歲寒圖〉、〈泥龍〉、〈祖孫父子〉、〈秋風落葉〉、〈老夫老妻〉、〈恩愛夫妻〉〈布販與偷雞賊〉、〈芳鄰〉、〈沙漠王子〉、〈沙漠之狼〉、〈世界通先生〉、〈寶珠的祕密〉、〈奇緣〉等十五篇。幼獅文化事業公司出版長篇小說《龍鳳傳》。臺北立志出版社出版長篇《火樹銀花》出版全集時易名《同是天涯淪落人》。
民國六十年辛亥（一九七一）	五十一歲	立志出版社出版長篇小說《火樹銀花》。發表散文多篇及在高雄《新聞報》連載長篇小說《紫燕》。
民國六十一年壬子（一九七二）	五十二歲	聞道出版社出版散文集《浮生集》。收入〈文藝的危機〉、〈貝克特高風〉、〈五十年華〉等散文十三篇，舊詩六首。學生書局出版短篇小說散文合集《斷腸人》。收入短篇小說〈斷腸人〉、〈薇薇〉、〈相見歡〉、〈滄桑記〉、〈恩怨〉、〈夜宴〉等七篇及散文〈文學系與文學創作〉、〈大學國文教學我見〉、〈作家之死〉等十五篇。　中華書局出版《墨人自選集》五大冊。包括長篇小說《白雪青山》、《靈姑》、《鳳凰谷》、《江水悠悠》（《東風無力百花殘》易名）及《短篇小說、詩選》（精選短篇小說二十八篇，抒情詩一〇六首），共一百五十萬字。發表散文多篇。
民國六十二年癸丑（一九七三）	五十三歲	列入英國劍橋國際傳記中心（International Biographical Centre Cambridge England）出版的《國際詩人名錄》（*International Who's Who in Poetry. 1973*）。

民國六十三年甲寅（一九七四）	五十四歲	出席第二屆世界詩人大會。發表散文多篇。
民國六十四年乙卯（一九七五）	五十五歲	列入正中書局出版的《中華民國文藝史》（1975）。發表〈臺北的黃昏〉新詩一首及散文多篇。
民國六十五年丙辰（一九七六）	五十六歲	列入英國劍橋國際傳記中心出版的 *Men of Achievement. 1976* 發表〈歷史的會晤〉新詩及散文、短篇小說多篇。
民國六十六年丁巳（一九七七）	五十七歲	應 I.B.C 邀請於三月間赴義大利翡冷翠出席國際文藝交流大會（The 3rd I.B.C. International Congress on Arts and Communications）。會後環遊世界。發表〈羅馬之雲〉、〈羅馬之松〉、〈翡冷翠的女郎〉、〈翡冷翠之柳〉、〈塞納河〉等詩及羅馬掠影」、〈單城記〉、〈威尼斯之旅〉、〈藝術之都翡冷翠〉、〈西雅奈與比薩斜塔〉、〈美國行〉、〈江戶、皇宮、御苑〉、〈環球心影〉等遊記。在《中國時報》發表有關中國文化論文〈中國文化的三條根〉，在《新生報》發表〈文藝界的『洋』痼瘋〉等多篇。
民國六十七年戊午（一九七八）	五十八歲	近代中國社出版長篇傳記小說《詩人革命胡漢民傳》。列入英國劍橋國際傳記中心出版的《國際名人辭典》（*Dictionary of International Biography.1978*）。《國際知識分子名錄》*International Who's Who of Intellectual.1978*、《國際人名剪影》 *International Register of Profiles*）、《國際社會名人錄》（*International Who's Who in Community Service*），發表〈六月之荷〉詩一首。在各報發表〈中國文化的宇宙觀〉、〈中國文化的真面目〉、〈文化、社會形態與當代文學創作（爲亞洲文學會議而作）〉、〈人與宇宙自然法則〉等。出席亞洲文學會議。 列入中華書局出版的《中華民國當代名人錄》（*Who's Who of R.O.C. 1978*） 列入行政院新聞局編印的一九七八年英文《中華民國年鑑名人錄》（*China Yearbook Who's Who*）。

民國六十八年己未（一九七九）	五十九歲	學人文化事業有限公司出版長篇小說《心猿》（《紫燕》易名）。發表短篇小說〈春〉、〈杏林之春〉、長詩〈哀吉米・卡特〉及〈山之禮讚〉五首。短篇〈客從故鄉來〉、〈人瑞〉。理論〈中國古典小說戲劇〉、〈抗戰文學的整理與再創作〉（《中央日報》）等多篇。
民國六十九年庚申（一九八〇）	六十歲	秋水詩刊社出版詩集《山之禮讚》、收集六十四年以後新詩四十四首及七言絕律詩十首。　中華日報社出版散文集《心在山林》、收集〈花甲雲中過〉、〈老當益壯〉、及抒情寫景散文數十篇。 臺中學人文化事業出 版有限公司出版《墨人散文集》收集〈文化、社會形態與當代文學創作〉、〈人與宇宙自然法則〉、〈中國文化的三條根〉、〈宇宙爲心人爲本〉、〈文藝界的『洋』瘋癲〉等理論性散文數十篇。 在《中央日報・副刊》發表〈紅樓夢研究的正確方向〉，《中華日報・副刊》發表〈人生六十樹常青〉，《青年戰士報・新文藝副刊》發表〈山中人語〉專欄文章〈山水之間〉、〈生命長短價值觀〉、〈寶刀未老〉、〈七進七出鬼門關〉、〈報人甘苦〉、〈杏壇生涯〉等。 接受《大華晚報》採訪組副主任程榕寧兩次訪問，一爲談胡漢民生平，一爲談《易經》、《道德經》、命學，並發表〈醫學命學與人生〉專文。
民國七十年辛酉（一九八一）	六十一歲	繼續撰寫《山中人語》專欄。 應臺中市《自由日報》特約撰寫《浮生小記》專欄。 應行政院新聞局邀請參觀本省農漁畜牧事業單位，並在《中央日報》發表〈人在福中〉散文。 接受臺灣廣播公司《成功之路》節目訪問，於四月廿七日晚八時半播出。 在高雄《新聞報》發表〈撥亂反正說紅樓〉（六月十七、十八日）論文。
民國七十一年壬戌（一九八二）	六十二歲	九月赴漢城出席第二屆中韓作家會議，並在東京參加中日作家會議，曾暢遊南韓、北海道、大阪至東京名勝地區，歸後撰寫〈韓國掠影〉、〈秋遊北海道〉，發表於《中央日報》。 列入中華民國名人傳記中心出版的《中華民國現代名人錄》。

		列入英國劍橋國際傳記中心出版的《傑出男女傳記》（*Men and Women of Distinction*）並附照片。 列入美國 MarQuis 公司出版的《世界名人錄》（*Who's Who in the World*）第六版。 接受義大利藝術大學授予的文學功績證書。
民國七十二年癸亥（一九八三）	六十三歲	商務印書館出版散文集《山中人語》，收集散文七十篇。
民國七十三年甲子（一九八四）	六十四歲	商務印書館出版《論墨人及其作品》上、下兩冊，包括評論文章六十餘篇。 列入義大利 Accademia Itlia 出版英、法、德、義四種文字的《國際文學史》（*The History of International Literature*）及《百科全書：當代人物（*The Encyclopadeia: Contemporary Personalities*）。 端午節（六月四日）開筆撰寫已構思準備十餘年的一百餘萬字的大長篇小說《紅塵》，年底完成初稿四十餘萬字。 十月在韓國漢城舉行的第四屆中韓作家會議，事忙未能出席，但提出一萬餘字的論文〈古典與現代〉一篇。
民國七十四年乙丑（一九八五）	六十五歲	由江山出版社出版《三更燈火五更雞》、《花市》散文集等兩本，前者收入散文、理論二十四篇，後者收入散文遊記二十七篇。 八月一日退休，專心寫作《紅塵》，於十二月底完成九十二章，告一段落，共一百二十萬字，超出《紅樓夢》十餘萬字，內有絕律詩（聯）三十一首。
民國七十五年丙寅（一九八六）	六十六歲	年初開始研讀《全唐詩》，撰寫《全唐詩尋幽探微》，十一月完成，共十二萬餘字，一面在《新聞報·西子灣》發表，並連同歷年所作絕律詩三十七首，定名為《墨人絕律詩集》，一併交與臺灣商務印書館簽約出版。 列入美國 A.B.I.出版的 5000 Personalities of the World：英國 I.B.C.出版的 *The Intemational Authors and Writers Who's Who.*

民國七十六年丁卯（一九八七）	六十七歲	訪問考察東南亞地區、國家馬來西亞、新加坡、泰國、菲律賓、香港十七天，並出席多次座談會。 商務印書館出版《全唐詩尋幽探微》（附《墨人絕律詩集》）。 《紅塵》長篇小說於三月五日開始在（臺灣新生報）連載。 七月四、五日出席在臺北市召開的抗戰文學研討會。 八月一日出席在高雄市召開的第七屆中韓作家會議。
民國七十七年戊辰（一九八八）	六十八歲	元月二日完成《全唐宋詞尋幽探微》（附《墨人詩餘》）全書十六萬字。設於美國深受世界尊重的「國際大學基金會」（The Marguis Giuseppe Scicluna 1855-1907 Intemarional University Foundation）（Founded 1973）授予榮譽文學博士學位。
民國七十八年己巳（一九八九）	六十九歲	臺灣商務印書館出版《全唐宋詞尋幽探微》。 臺北大地出版社三版長篇小說《白雪青山》。 世界大學（World University）授予榮譽文學博士學位。
民國七十九年庚午（一九九〇）	七十歲	五月應大陸黃河文化實業公司邀請，作四十天文學之旅，與北京、上海、杭州、九江、武漢、西安、蘭州等地作家座談中華文化、文學創作，坦誠交換意見，獲得一致共識、真摯友情與尊敬，廣州電視臺並全程錄影，製作專輯播出，六月底返臺後即撰寫《大陸文學之旅》專著。 艾因斯坦國際學院基金會（Albert Einstein 1879-1955 Intemational Academy Foundation）授予榮譽人文學博士學位。 榮列英國劍橋國際傳記中心出版的 IBC Book of Dedications.占全書篇幅五頁，刊登照片五張，介紹五十年創作生涯，十分翔實，篇幅之大，爲全書冠，並禮聘爲 IBC 副總裁。
民國八十年辛未（一九九一）	七十一歲	二月底新生報出版《紅塵》，二十五開本，上、中、下三鉅冊。黎明文化事業公司出版《小園昨夜又東風》散文集。 應香港廣大學院禮聘爲中國文學研究所客座指導教授。 《紅塵》榮獲新聞局著作金鼎獎及嘉新優良著作獎。

民國八十一年壬申（一九九二）	民國八十二年癸酉（一九九三）
七十二歲	七十三歲
文史哲出版社出版《大陸文學之旅》。應聘香港廣大學院中研所客座指導教授。一月五日開筆寫《紅塵續集》，自九十三章起至一百二十章止，共四十萬字，六月十日完稿，《紅塵》全書共一百九十萬字。續集自十二月一日開始在《臺灣新生報‧副刊》連載近年，雙破長篇鉅著及連載紀錄。中國廣播公司《中廣小說選播》節目，亦於十二月一日十四時三十分，在AM657千赫第一廣播網開始播出長篇鉅著《紅塵》上、中、下三冊，由戴愛華小姐導播，集該公司播音精英，通力合作，龍老夫人一角由播音元老白銀飾演，其餘人物均爲一時之選，效果奇佳，前所未有。　北京「中國文聯出版公司」出版《也無風雨也無晴》。墨人故鄉九江《師專學報》，於本年起開闢《墨人研究》專欄，與《陶淵明研究》、《黃山谷研究》，並稱三大專欄，甚受教育、學術界重視。	十月下旬，偕《秋水》詩刊同仁涂靜怡、雪柔、麥穗、汪洋萍、風信子、林蔚穎等爲慶祝《秋水》創刊二十周年，訪問哈爾濱、北京、西安三大都市，與當地詩人座談交流，水乳交融，兩岸詩人因而建立深厚友誼。十一月初，隻身訪問昆明、探親，昆明作協主席曉雪、八十多歲老作家李喬、小說家張昆華、《春城晚報》副總編輯熊廷武、副刊主編原因、理論家教授余斌、作家湯世傑、李錦華等集會歡迎，其中多爲白族、彝族等少數民族作家，乃以雲南少數民族文化資源努力創作相勉，深獲共鳴。資深作家彭荊風，晚間並來下榻處暢談。繼續應聘香港廣大學院中研所客座指導教授三年。十二月新生報社出版《紅塵續集》，全書共四大冊，其實前後一貫，爲一整體，該報爲方便，乃以《續集》名之。一生心願心血得以完成，在輕、薄、短、小及商品文學獨占市場情況下，亦一大異數。北京「中國文聯出版公司出版《紅樓夢的寫作技巧》。

民國八十三年甲戌（一九九四）	七十四歲	一月開始研讀自北京購回的《全宋詩》，擬續寫《全宋詩尋幽探微》。 四月十一日接受臺北復興廣播電臺《名人專訪》節目主持人裴雯小姐訪問：談一生寫作歷程及大長篇《紅塵》寫作經過。 臺北《世界論壇報》副社長兼副刊主編詩人評論家周伯乃先生，特自五月三十一日起一連三天出版特刊，慶祝七十晉五誕辰暨創作五十五周年，除刊出〈小傳〉、〈七五人生一首詩〉、〈中國新詩與傳統詩詞的整合〉、〈叩開生命之門〉三篇新作外，並刊出蒙古族女詩人作家薩仁圖婭的〈墨人：屈原風骨中華魂〉，及馬來西亞霹靂州立女子中學校長，詩詞家、散文作家彭士麟女士論《紅塵》與大陸作家作品比較的書信，墨人著作校長，詩詞家、散文作家彭士麟女士論《紅塵》與大陸作家作品比較的書信，墨人著作目錄、美國兩個榮譽文學博士、一個人文學博士照片三張，《紅塵》獲獎照片一張，及周伯乃〈無限的祝禱〉文等。 八月七日，中國時報系的《工商日報・讀書版・大書坊》刊出蓓齡的《紅塵》墨人專訪文章，並配合攝影記者何日昌拍攝的墨人及《紅塵》四冊照片。 大陸廣州暨南大學中文系教授兼臺港暨海外華文文學研究中心主任、評論家潘亞暾，費時月餘撰寫《紅塵續集》論文達一萬餘字的〈偉大史詩的歸結〉，於九月二十一至二十五日在臺北市《世界論壇報・副刊》全文刊出，見解不凡，對《續集》的成功更使他大吃一驚，因此，更肯定《紅塵》的史詩價值、地位。 八月二十八日第十五屆世界詩人大會在臺北召開，僅提出〈中國新詩與傳統詩詞的整合〉論文一篇，並未出席、論文則由《中國詩刊》主編曾美霞女士代讀。
民國八十四年乙亥（一九九五）	七十五歲	一月，臺北文史哲出版社出版《墨人半世紀詩選》（一九四二—一九九四）。 一月十日應臺北廣播電臺《藝文夜話》主持人宋英小姐訪問，許導播秀玲決定十日開播《紅塵》全書四冊，每日廣播兩次。 中國詩歌藝術學會主辦、中國文藝協會協辦，於五月二十二日在臺北市中國文藝協會舉行《墨人世半紀詩選》學術研討會，與會詩人、評論家六十餘人，討論情況熱烈，並印發海峽兩岸評論家王常新、古繼堂、古遠清、李春生、楊允達、周伯乃等十三家論文專集。各家均推崇、肯定新舊詩兩方面的成就與半個多世紀的貢獻。

		英國劍橋國際傳記中心頒贈二十世紀文學傑出成就獎。 榮列一九九五年英國劍橋國際傳記中心出版的 The Definitive Book of the Deputy Directors General of the IBC.佔全書篇幅五頁，刊登照片五張，為全書之冠。
民國八十五年丙子（一九九六）	七十六歲	臺北圓明出版社出版涵蓋儒、釋、道三家思想的散文集《紅塵心語》。卷首有珍貴的文學照片十餘張。 臺北中國詩歌藝術學會出版《十三家論文》論《墨人半世紀詩選》。
民國八十六年丁丑（一九九七）	七十七歲	臺北中天出版社出版與《紅塵心語》為姊妹集的散文集《年年作客伴寒窗》，各篇亦均以五、七言詩作題，內中作者詩詞亦多，並附錄珍貴文學資料訪問記、特寫、著作目錄等十餘篇。出任「乾坤」詩刊顧問，並主編該刊古典詩詞。完成《墨人詩詞詩話》、《全宋詩尋幽探微》兩書全文。
民國八十七年戊寅（一九九八）	七十八歲	構思六年的以佛學精義結合修行心得化為文學創作的長篇小說《娑婆世界》，於三月二十八日開筆，十二月脫稿。共三十八章，五十多萬字。 英國劍橋國際傳記中心（IBC）出版《二十世紀傑出人物》以照片配合文字將墨人傳記刊卷首重要位置，並頒發獎狀。大陸中國國際經濟文化交流促進會、燕京國際文化藝術研究會等七大單位編纂出版的《世界華人文學藝術界名人錄》，中國國際交流出版社出版的《世界名人錄》，均為十六開巨型中文本。
民國八十八年己卯（一九九九）	七十九歲	本年為來臺五十周年，創作六十周年，中國習俗八十歲，昭明出版社出版長篇小說《娑婆世界》。 美國傳記學會（ABI）出版二十世紀《五百位有影響力的領袖》，以照片配合文字將墨人傳記刊於卷首重要位置並頒發獎狀。照片及詩詞五首編入中國《當代吟壇》巨著。　美國「世界智庫」與艾因斯坦國際學會基金會」聯合頒贈墨人傑出成就榮譽獎，以紀念千禧年，並榮列中國出版的《中華精英大全》。 美國傳記學會頒贈墨人「二十世紀成就獎」。

民國八十九年庚辰（二〇〇〇）	八十歲	臺北昭明出版社陸續出版定本長篇小說《白雪青山》、《滾滾長江》、《春梅小史》；文學理論《紅樓夢的寫作技巧》，連同民國八十八年出版的長篇小說《娑婆世界》，並列爲墨人一系列代表作品，以慶祝墨人八十整壽。 臺北詩藝文出版社出版《墨人詩詞詩話》。 臺北文史哲出版社出版《全宋詩尋幽探微》。
民國九十年辛巳（二〇〇一）	八十一歲	臺北昭明出版社出版長篇小說定本《紅塵》全書六冊及長篇小說《紫燕》定本。
民國九十一年壬午（二〇〇二）	八十二歲	五月三日偕長子選翰赴上海訪友小住。 英國劍橋國際傳記中心授予「終身成就獎」。
民國九十二年癸未（二〇〇三）	八十三歲	八月底偕夫人及在臺子女四人經上海轉往故鄉九江市掃墓探親並遊廬山。
民國九十三年甲申（二〇〇四）	八十四歲	準備出版全集（經臺北榮民總醫院檢查無任何疾病。）巴黎 you-Feng 書局出版豪華典雅法文本《紅塵》。
民國九十四年乙酉（二〇〇五）	八十五歲	此後五年不遠行，以防交通意外，準備資料。計劃百歲前開筆撰寫新長篇小說。北京「中央出版社」出版《強國丰碑》，以著名文學家張萬熙爲題刊出墨人傳略，爲臺灣及海外華人作家唯一入選者。並先後接到北京電話、書函邀請寄送資料編入《一代名家》、《中華文化藝術名家名作世界傳播錄》。
民國九十五年丙戌（二〇〇六）至民國一百年（二〇一一）——	八十六歲至九十二歲——	重讀重校全集，已與臺北市文史哲出版社簽訂出版《墨人博士作品全集》合約，民國一百年年內可以出版。此爲「五四」以來中國大陸與臺灣所未有者。